Ulrike Pilz-Kusch

Logbuch Speed-Focusing

Ulrike Pilz-Kusch

Logbuch Speed-Focusing

Das innere Navi entdecken – aufblühen statt auspowern

Das Reinschreibbuch

Haftungsausschluss: Alle vorgestellten Konzepte sind nur Anregungen, die von Fachpersonen nach eigenem Ermessen im Rahmen gesetzlicher Vorschriften genutzt und/oder variiert werden sollten. Autorin und Verlag übernehmen keinerlei Haftung.

Dieses Buch ist erhältlich als:
ISBN 978-3-7799-7628-8 Print
ISBN 978-3-7799-7629-5 E-Book PDF

1. Auflage 2023

Lektorat: Ingeborg Sachsenmeier
Umschlaggestaltung: Ulrike Poppel
Illustrationen: Ulrike Pilz-Kusch

Satz und Herstellung: Michael Matl
Druck und Bindung: Beltz Grafische Betriebe GmbH, Bad Langensalza
Beltz Grafische Betriebe ist ein klimaneutrales Unternehmen (ID 15985-2104-100).
Printed in Germany

Weitere Informationen zu unseren Autor:innen und Titeln finden Sie unter:
www.beltz.de

Inhaltsverzeichnis

Teil 01
Sich stimmig führen – im Einklang mit dem Inneren

»Was vor uns liegt und was hinter uns liegt, ist nichts im Vergleich zu dem, was in uns liegt. Und wenn wir das, was in uns liegt, nach außen in die Welt tragen, geschehen Wunder.«

(Henry David Thoreau, 1817–1862)

Im vollen Alltag auf die innere Stimme hören

Dieses Logbuch lädt Sie ein zu einer Entdeckungsreise, auf der Sie lernen, mitten im turbulenten Alltag auf Ihre innere Stimme zu hören. Durch die wissenschaftlich fundierte Methodik des Focusing erhalten Sie Zugang zu Ihrem inneren Navi und somit zu Ihrem inneren Wissen. Damit können Sie sich leichter durch den Dschungel der täglichen Herausforderungen navigieren. Probieren Sie aus, wie Sie mit Achtsamkeit und Körperintelligenz in erstaunlich kurzer Zeit stimmige Antworten in sich selbst finden können, die wirklich passen. Entdecken Sie, wie viel mehr Möglichkeiten Sie in der Hand haben, auch in scheinbar aussichtslosen Situationen etwas zum Positiven zu verändern.

An Focusing fasziniert mich am meisten, wie rasch und angenehm man den Kopf frei bekommt, sich in aller Lebendigkeit spürt, nebenbei entschleunigt und schneller auf eine sanfte und wohltuende Art und Weise kreative Lösungen und Handlungsimpulse aus dem Körper erhält, die wirklich stimmen und spürbar voranbringen.

Experimentieren Sie auf Ihrer Entdeckungsreise mit einem bunten Strauß von mehr als 70 Übungen, um zwischendurch zu sich zu kommen, sich besser zu spüren und erstaunlich schnell herausfinden zu können, was in jeder Situation für Sie richtig und stimmig ist. Mit den Focusing-Werkzeugen finden Sie auch in schwierigen und krisenhaften Situationen in sich Halt und Kraft und wissen sich selbst zu helfen. Sie können lernen, belastende Gedanken und Gefühle in wenigen Sekunden oder Minuten umzuwandeln und mehr Leichtigkeit und Lebensfreude in Ihr tägliches Leben zu bringen. Sie blühen auf, anstatt sich auszupowern. Statt sich selbst zu optimieren entdecken Sie, was aus sich heraus leben und sich entfalten möchte. Denn Ihr inneres Navi signalisiert Ihnen mit feinen Signalen, wo es für Sie langgeht und wie Sie unnötige Umwege vermeiden. Erkunden Sie, wie Sie die Signale erkennen und entschlüsseln können. So werden Sie zufriedener mit sich und Ihrem Leben und wachsen persönlich völlig unangestrengt.

Sie können vermehrt Ihren Kopf entlasten, sich innerlich entspannt zurücklehnen und auf sich und Ihren hochintelligenten Körper hören.

Erkunden Sie, wie sich Ihr Körper- und Lebensgefühl verändern, wenn Sie mithilfe von Focusing zunehmend in Übereinstimmung mit Ihrem Inneren handeln, arbeiten und Entscheidungen treffen. Entdecken Sie, wie Sie Ihre Aufmerksamkeit auf das Positive und Voranbringende lenken können. Erweitern Sie Ihr Handlungsrepertoire mit vier leicht zu erlernenden praxiserprobten Kurz-Focusing-Instrumenten und sieben Möglichkeiten, stimmige »Antworten« in sich zu finden und sich stimmig zu entscheiden. Mit den Werkzeugen werden Sie unabhängiger von Expertinnen und Experten und den Ratschlägen anderer.

Sie sind hier genau richtig, wenn …

… Sie Focusing und speziell Speed-Focusing kennenlernen möchten – als Neuling, als Focusing-Praktizierende oder -Lehrende, um die Werkzeuge für sich und für die Arbeit zu nutzen. Die praxisorientierten Kurz-Focusing-Werkzeuge lassen sich vielfältig einsetzen, unter anderem wenn Sie Menschen coachen, therapieren, beraten, lehren oder begleiten. Experimentieren Sie mit den Focusing-Werkzeugen, wie Sie damit Ihren persönlichen und beruflichen Alltag lebendiger, bunter und freudvoller gestalten und die Werkzeuge an Ihr Klientel weitergeben können.

Sie sind eingeladen, jegliche Anstrengung, Anspannung und Druck loszulassen, so gut es geht. Vergessen Sie alle »Ich muss« und »Ich sollte« sowie Vorstellungen darüber, wie Sie sein sollten und wie Sie es »richtig« und gut machen. Im Focusing gibt es kein Richtig und kein Falsch, auch kein »Du musst« oder »Du sollst«. Alles, was Sie innerlich erleben, ist willkommen und darf da sein. Denn nur so kann es sich verändern. Seien Sie neugierig und offen wie ein Kind, eine Forscherin oder ein Forscher. Erkunden Sie so unvoreingenommen wie möglich, welche neuen Qualitäten und Besonderheiten Sie an sich und in sich entdecken. Probieren Sie aus, welches Erkundungsexperiment Sie anspricht, was bei Ihnen gut wirkt und Ihnen leichtfällt.

Alle Übungsanleitungen sind Vorschläge zum Ausprobieren, die Sie so umsetzen können, dass sie für Sie passen und Sie sich gut damit fühlen. Sie profitieren am meisten von den einfachen, leicht in den Alltag integrierbaren Speed-Focusing-Werkzeugen, wenn Sie sich auf die Erkundungsexperimente einlassen können, offen für Neues, vielleicht auch Ungewohntes sind und bereit sind, sich selbst und Ihren Körper aufmerksam wahrzunehmen. Hilfreich ist, ein bisschen Geduld und die Bereitschaft zum Üben und Wiederholen mitzubringen, wenn nicht alles beim ersten Mal klappt. Eine Portion Experimentierfreude und Offenheit ist besonders förderlich. Probieren Sie so offen wie möglich aus, was hilfreich und bereichernd für Sie ist. Machen Sie es sich beim Lesen und Üben gemütlich und lassen Sie sich überraschen, wie Sie mehr Stimmigkeit und Lebensfreude tagtäglich erleben können – mit erstaunlich geringem Aufwand und Zeit. Probieren Sie aus, wie Sie die Werkzeuge in Ihren Alltag integrieren und Meetings, Seminare, Coachings, Therapiesitzungen und auch andere Situationen beleben können.

Im ersten Teil des Logbuchs erhalten Sie die Grundlagen für ein besseres Verständnis: Sie erfahren, wozu Speed-Focusing gut ist, wie Sie Zugang zu Ihrer inneren Stimme und »Antworten« in sich bekommen und erkennen, dass die Antwort wirklich stimmt.

Um vom Logbuch am besten profitieren zu können, lesen Sie zunächst den ersten Teil und die ersten beiden Kapitel des zweiten Teils, um sich mit den Basisinstrumenten achtsamer, stimmiger und lebendiger Selbstführung vertraut zu machen. Nehmen Sie sich die Zeit, die Erkundungsexperimente in unterschiedlichen Situationen Ihres Alltags nach und nach auszuprobieren und Ihre Erlebnisse und Erfahrungen schriftlich festzuhalten. Dabei wird Ihr Erlebens- und Erkenntnisprozess meist noch fortgeführt. Mithilfe eines Selbsttests im ersten Teil können Sie auf einer tieferen Ebene Klarheit gewinnen, wo Sie stehen, was in Ihrem Leben schon stimmt und was noch lebendig werden möchte. Probieren Sie anschließend aus, wie Sie mit Ihrer Körperintelligenz innerlich achtsam ein stimmiges Zielbild kreieren, das Ihnen auf Ihrer Entdeckungsreise eine klare Ausrichtung und einen Motivationsschub geben kann. Erleben Sie innerlich, wie es sich anfühlt, wenn Sie Ihre Ziele erreicht haben und kosten Sie es mit allen Sinnen aus.

Im zweiten Teil sind Sie eingeladen, mit Speed-Focusing in weiteren konkreten Situationen in Ihrem Alltag zu experimentieren und

Ihre Erfahrungen zu vertiefen. Lassen Sie sich gern intuitiv von Ihren individuellen Anliegen und Bedürfnissen leiten. Probieren Sie aus, wie Sie eine stimmige Balance und Ihre individuellen Kraft- und Ruheinseln finden, wie Sie stimmige Entscheidungen treffen und wie Sie gezielt Ihren persönlichen Weg und neue Schritte finden, um sich beruflich und persönlich weiterzuentwickeln oder neu auszurichten.

Im dritten Teil des Logbuchs erhalten Sie eine Übersicht zu den sieben Möglichkeiten, mit Speed-Focusing »Antworten« in sich zu finden und eine »Gebrauchsanleitung« für vielfältig Engagierte, wie Sie die Focusing-Werkzeuge auf Ihre eigene individuelle Weise spielend leicht in Ihren Alltag integrieren können.

Was bedeutet (Speed-)Focusing und wozu ist es gut?

Info 

Focusing – der Körper weiß, was stimmt und leben möchte.

Focusing ist eine empirisch überprüfte und klinisch erprobte Methode, die den Körper einbezieht und uns Zugang zu unserer inneren Stimme, unserem inneren Navi verschafft. Mit Focusing wird gezielt die eigene Körperintelligenz und Intuition aktiviert. So können Sie stimmige Antworten, Entscheidungen sowie kreative Lösungen zu allen Themen und Fragen des Lebens bekommen – sogar zu komplexen Situationen. Diese fühlen sich richtig an und bringen spürbar voran.

Prof. Dr. Eugene Gendlin, Schüler und Nachfolger von Prof. Dr. Carl Rogers, dem Begründer der Gesprächspsychotherapie, entwickelte Focusing an der Universität von Chicago im Rahmen eines Forschungsprojekts zur Psychotherapie. In den 1960er-Jahren machte er die erstaunliche Entdeckung, dass Klientinnen und Klienten die größten Therapieerfolge erzielten, wenn sie in den Sitzungen beim

Sprechen mit ihrem körperlichen Erleben verbunden waren, unabhängig von der angewandten Methode und den Themen. Im Vergleich dazu hatten andere Klientinnen und Klienten, die sich nur »vom Kopf her« über ihre Probleme äußerten, weniger Erfolg und veränderten sich kaum.

Aus dieser Erkenntnis heraus entwickelte Gendlin Focusing als Verfahren der Problemlösung, des Erkenntnisgewinns, der Entscheidungsfindung, der Persönlichkeitsentwicklung, des professionellen Begleitens von Veränderungsprozessen und des Denkens (Gendlin 2004). Focusing kann als ergänzende Methode im Coaching, in Beratung, Therapie, Gesundheitsförderung und Achtsamkeitspraxis angewandt werden. Denn Focusing ist eine übergreifende Methode: »ein Zugangsweg [...] zu Ihrer eigenen Lebenswirklichkeit, zu Ihrer eigenen Lebensweisheit« (Wiltschko 2010, S. 11).

Im Zentrum von Focusing steht das achtsame Wahrnehmen des inneren körperlichen Erlebens, aus dem unter bestimmten Bedingungen lösungsorientierte Schritte entstehen können. Wir haben zu allem, was wir erleben, eine innere körperliche Resonanz, einen sogenannten »Felt Sense«. Dieser Felt Sense bezieht sich auf ein Problem, eine Person, eine Situation, ein Thema oder auf etwas, das wir innerlich erleben, beispielsweise ein »Durcheinander« oder eine Unbehaglichkeit. Dieser Felt Sense enthält die eingefaltete Bedeutung des Themas oder die im Körper gespürte »Antwort« auf eine Frage, die wir unserem inneren Navi stellen. Oftmals ist diese Antwort überraschend anders als das, was wir denken.

Beispiel 

Beispiele für Felt Sense

Eine Person erzählt Ihnen, dass sie total erfolgreich oder glücklich ist. Je länger Sie zuhören, bemerken Sie, dass Sie irgendetwas stört und irritiert. Sie spüren vielleicht ein Grummeln im Bauch oder etwas in Ihrem Körper zieht sich zusammen. Sie bemerken vielleicht auch ein Unbehagen. Obwohl die Person von ihrem Glück spricht, spüren Sie, dass etwas nicht stimmt, aber Sie wissen nicht genau, was es ist.

Oder: Sie suchen eine neue Wohnung. Sie haben sich Kriterien überlegt, die für Sie wichtig sind. Sie sehen sich etliche Wohnungen an, die sich nicht passend anfühlen. Dann betreten Sie eine Wohnung, die einigen Kriterien gar nicht entspricht. Sie schauen sich um, irgendetwas spricht Sie an und Sie fühlen sich wohl. Sie spüren: »Das ist meine Wohnung«, ohne Worte oder Erklärungen dafür zu finden. Es kribbelt vielleicht etwas in Ihrem Bauch oder Sie spüren etwas in sich, das Sie energetisiert, das sich aufregend und freudig anfühlt, auch wenn Ihre »Traumwohnung« Ihre vorher verstandesmäßig überlegten Kriterien nicht ganz erfüllt.

Focusing bezeichnet das Entstehen-Lassen des Felt Sense, sein Wahrnehmen und das achtsame Verweilen mit ihm. Daraus kommen Schritte der Veränderung. Dazu ist es erforderlich, die Wahrnehmung nach innen zu richten, in den Körper, in die Körpermitte, den Brust- und Bauchraum. Dort können wir ein vages körperliches Gespür bemerken, das mit irgendetwas in unserem Leben zu tun hat: mit einer Person, einer Situation oder einer Erinnerung. Oft wissen wir nicht, womit genau. Dann können wir Richtung Körpermitte fragen: »Womit hat das in meinem Leben zu tun?«

Wenn sich eine stimmige Erkenntnis, ein stimmiger Handlungsimpuls, ein Lösungs- oder Entscheidungsschritt in unserem inneren Navi zeigt, ist dies als Felt Shift körperlich spürbar. Der Felt Shift ist also ein gefühlter Erkenntnis-, Lösungs- oder Handlungsschritt, eine körperlich gespürte Veränderung. Er wird als erleichtertes Aufatmen und Energiezustrom, als Erkenntnisgewinn wie ein Aha-Effekt erlebt. Focusing bedeutet, der Stimme des Körpers zu folgen, der erstaunlicherweise »weiß«, wie Probleme gelöst werden können. Der von innen gefühlte Körper ist nach Gendlin die wichtigste Ressource für jegliche »Problemlösung«. Er »weiß«, was benötigt wird, um den nächsten Schritt in sich selbst zu finden. Der eigene Körper ist somit eine »Quelle der Information und Innovation«.

Der Körper weiß mehr über die gegenwärtige Situation als unser Bewusstsein. Der Fokus liegt auf dem inneren körperlichen Erleben. Gendlin beschreibt Focusing als »die Zeit, in der man mit etwas ist, das man körperlich spürt, ohne zu wissen, was es ist« (Gendlin 2004b). Es hört sich komplizierter an, als es in Wirklichkeit ist. Focusing ist wie Meditation nur begrenzt sprachlich zu beschreiben. Erleben Sie Focusing in Seminaren, in der Therapie oder im Coaching, um die Breite und Tiefe des Veränderungsprozesses Ihres inneren Erlebens wahrnehmen und in Worte fassen zu können. Probieren Sie aus, mit welchen der im Logbuch beschriebenen Speed-Focusing-Übungen Sie bei sich ankommen und neue Antworten und Lösungen in sich erhalten, die wirklich passen und Sie auf Ihrem Weg voranbringen.

Focusing – vor allem Speed-Focusing – ist für mich zu einer liebgewonnenen täglichen Begleiterin, Orientierungshilfe und Stütze geworden und kann in allen beruflichen und privaten Situationen schnell und einfach praktiziert werden. Focusing hat mich 2005 aus einer Krise heraus, zu meiner Berufung und einem lebendigeren, tieferen und bunteren Leben geführt. Jede Entscheidung, die ich seitdem nicht nur mit dem Kopf, sondern focusingorientiert mit dem ganzen Körper getroffen habe, haben sich für mich als richtig erwiesen. Focusing gibt mir Halt, Sicherheit und Orientierung, um auch Schritte ins Ungewisse zu wagen, die mich reizen und gleichzeitig ängstigen.

Info 

Speed-Focusing – eine kompakte Kurzform des Focusing

Speed-Focusing – in Focusing-Fachkreisen als Mini-Focusing bekannt – ist eine kompakte, vereinfachte Kurzform des Focusing. Sie können es als Selbsthilfe-Methode in allen Situationen Ihres beruflichen und privaten Lebens anwenden. Mithilfe Ihres inneren Navis und seinen feinen Signalen – dem Felt Sense und Felt Shift – können Sie direkt herausfinden, was jeweils für Sie stimmig und wirklich wichtig ist und was leben möchte.

Am einfachsten praktizieren Sie es allein, indem Sie innehalten oder unter der Dusche stehen. Mit etwas Übung können Sie es auch beim Spazierengehen und bei der Arbeit anwenden und nach und nach auch, wenn Sie mit anderen zusammen sind. Sogar in Coachings, Therapien und in Gruppen, die Sie selbst leiten, können Sie Speed-Focusing nutzen. (Speed-)Focusing lässt sich am leichtesten und nachhaltigsten unter Anleitung in Seminaren, Bildungsurlauben, Coachings oder in der Therapie erlernen. Insofern ist dieses Logbuch eine ideale Ergänzung zu focusingorientierten Coachings, zu Bildungsurlauben, Seminaren, Ausbildungen und zur Therapie.

Sie können die Arbeit mit diesem Logbuch zusätzlich anreichern, indem Sie sich bei der Durchführung von mehr als 30 Übungen durch eines oder beide meiner Hörbücher von mir anleiten lassen (Pilz-Kusch 2017a und b, Hörbuch-Download).

Info 

Wozu ist Speed-Focusing alias Mini-Focusing gut?

- Es hilft, im Alltag öfter bei sich selbst zu sein und sich in aller Lebendigkeit zu spüren.
- Es fördert mehr Tiefe, Intensität und Freude im Leben.
- Es entlastet den Kopf.
- Es ermöglicht, schneller zum Wesentlichen zu gelangen.
- Damit können Sie auf sich hören, anstatt über sich selbst hinwegzugehen.
- Es unterstützt dabei, stimmiger zu handeln, zu entscheiden, zu arbeiten, zu führen und sich auszurichten – in Übereinstimmung mit dem Inneren.
- Es kann mitten im vollen Alltag – während und außerhalb der Arbeit – schnell praktiziert werden.
- Es hilft, den eigenen Weg zu finden und den nächsten kleinen für Sie »richtigen« Schritt zu tun.
- Es fördert einen freundlicheren Umgang mit sich selbst und anderen.

In drei Schritten stimmige »Antworten« in sich finden

Der Zugang zur Körperintelligenz, zum von innen gefühlten Körper geschieht beim Speed-Focusing in drei Schritten. Die wichtigste Voraussetzung ist, im Kontakt mit sich selbst zu sein und den Körper zu spüren. Wir nennen diesen ersten Schritt im Focusing: »aus dem Kopf in den Körper kommen«. Sobald Sie im ganzen Körper anwesend sind, haben Sie leichter Zugang zu Ihrem Innersten, zum inneren Navi.

Eine weitere Voraussetzung, um Antworten aus dem Inneren zu erhalten, ist FreiRaum zu haben. Das bedeutet, dass Sie mit FreiRaum-Techniken eine gute Distanz zu Ihren Problemen, Sorgen und Nöten finden, statt sich in ihnen zu verlieren. Sie lernen in diesem Logbuch Kurz-FreiRaum-Techniken, mit denen Sie in drei bis 90 Sekunden einen wohltuenden Abstand zu bedrückenden Empfindungen gewinnen können. Sobald Sie FreiRaum geschaffen haben, können Sie Ihrem Inneren eine konkrete Frage stellen oder zu einer unklaren Situation eine Antwort aus Ihrem Inneren erhalten, das heißt eine Erkenntnis oder einen stimmigen Handlungs-, Lösungs- oder Entscheidungsschritt. Wichtig ist dabei, Ihrem inneren körperlichen Erleben eine Weile in der offen unvoreingenommenen Focusing-Haltung achtsam und wohlwollend Ihre volle Aufmerksamkeit zu schenken. Sollte irgendetwas Sie davon abhalten, ganz da zu sein und sich wohlzufühlen, befreien Sie sich zunächst mit einer der Kurz-FreiRaum-Techniken.

Im Focusing machen wir damit zuerst den inneren oft überfüllten inneren Raum frei von Belastendem, bevor wir nach einer stimmigen Lösung und einem stimmigen nächsten Handlungsschritt Ausschau halten. Im zweiten Teil des Logbuchs steigen Sie tiefer ein und können verschiedene Erkundungsexperimente in typischen Alltagssituationen ausprobieren.

Info 

Zugang zum inneren Navi in drei Schritten finden

1. **Schritt: aus dem Kopf in den Körper gelangen**
   Um Zugang zur Körperintelligenz zu bekommen, müssen wir in Verbindung mit uns selbst sein und unseren Körper spüren.
2. **Schritt: für FreiRaum sorgen**
   Wir schaffen einen guten, wohltuenden Abstand zu Belastendem, zum Thema oder Problem.
3. **Schritt: stimmige »Antworten« in sich finden**
   Wir lassen einen Felt Sense, eine innere körperliche Resonanz zu einem Problem oder einer unklaren Situation kommen. Wir »befragen« den Körper, spüren achtsam in der freundlich-wohlwollend und offen unvoreingenommenen Focusing-Haltung in den Körper hinein und verweilen bis zu 60 Sekunden mit dem Unklaren, bis eine »Antwort« aus dem Inneren aufsteigt. Falls das nicht gelingt, haben wir mehrere methodische Möglichkeiten, stimmige Handlungsschritte zu finden.

Das erfordert einen Lernprozess, Wiederholung und Übung, besonders wenn wir innerhalb von drei bis 90 Sekunden einen Handlungsimpuls, eine Erkenntnis, eine stimmige Entscheidung oder eine Lösung erhalten möchten, die sich richtig anfühlt.

Zunächst lade ich Sie direkt zu einer kleinen Übung ein, um in einem ersten Schritt zu sich zu kommen, im eigenen Körper anzukommen, sich zu spüren und freundlich-wohlwollend und unvoreingenommen zu erkunden, was Sie gerade in sich entdecken. Indem wir unserem inneren Erleben eine Weile freundlich Gesellschaft leisten und einfach nur wahrnehmen, was gerade in uns passiert, erschließt sich uns meist sehr leicht der nächste kleine Schritt, der jetzt für uns richtig und stimmig ist.

Im Folgenden verwende ich die Du-Form, um dich direkt, offen und persönlich anzusprechen.

Nimm dir Zeit zum Lesen und für die focusingorientierten Erkundungsexperimente, um ein Gespür für Speed-Focusing zu bekommen und sie zu genießen. Ich wünsche dir spannende und bereichernde Erlebnisse und Erkenntnisse. Zum Glück gibt es im Focusing kein Richtig und kein Falsch. Solltest du Fragen haben, auf die du während der weiteren Lektüre und dem Ausprobieren der Erkundungsexperimente keine befriedigenden Antworten findest, kannst du sie mir gern per E-Mail schreiben: ulrike@pilz-kusch.de.

Erster Schritt: Bei sich im Körper ankommen

Probiere den ersten Schritt gleich mit folgender Übung aus.

Übung 

Im ersten Schritt bei sich im Körper ankommen

Nimm dir einen Moment Zeit, um dich mit deiner ganzen freundlichen und wohlwollenden Aufmerksamkeit deinem Körper zuzuwenden. Mache es deinem Körper so gemütlich wie möglich ... Spürst du das Buch in deinen Händen? ... Magst du es zur Seite legen oder eine bequeme Haltung finden, in der du langsam weiterlesen und dich wahrnehmen kannst?

Lehne dich entspannt zurück. Schließe deine Augen zwischendurch, wenn es angenehm ist. So kann der Kopf leichter frei werden und du kannst deinen Körper besser wahrnehmen ... Spüre ganz bewusst deine Fußsohlen am Boden oder auf der Unterlage ... und deinen Körper auf der Sitz- oder Liegefläche ... Erlaube ihm, seine ganzen Lasten an den Boden und die Unterlage abzugeben und überflüssige Anspannung loszulassen ...

Nimm deinen Atemstrom wahr: Spüre ganz bewusst, wie es ein- und ausatmet ... Atme vor allem genüsslich aus ... Spaziere mit deiner vollen freundlichen Aufmerksamkeit in deinen Körper, in den Bauch-Brust-Raum ... Lass dir dafür ein paar Atemzüge Zeit ... Erkunde unvoreingenommen, so neugierig wie ein Kind, ein Forscher oder eine Forscherin, *was* sich in deinem Körper bemerkbar macht und *wie* es sich anfühlt ... Nimm dir dafür etwas Zeit ...

Du kannst dich in Richtung Körpermitte fragen: Wie fühlt es sich gerade in mir an? ... Wie ist meine innere Gestimmtheit? ... Wie ist mein inneres Wetter? ... Lass jede Frage jeweils eine ganze Weile in dir wirken ... Warte in Ruhe ab und lass dich überraschen, was du in dir entdeckst ... Gestatte dir auch, dass nicht viel passieren »muss« ...

Falls das jetzt nicht klappt, ist das völlig in Ordnung ... Alles braucht Übung und den richtigen Zeitpunkt ... Sollte sich etwas unbehaglich anfühlen, probiere aus, ob du diesem Teil in dir gestatten kannst, da zu sein ... Vielleicht magst du auch einem Unwohlsein in dir vom Herzen aus zulächeln oder ihm Anteilnahme oder Mitgefühl schenken ...

Wie war dieses kleine Experiment für dich?

____

____

____

Was genau hat sich in deinem Körper bemerkbar gemacht?

Wo im Körper spürst du etwas? Was genau?

Wie fühlt sich das für dich an?

Was war etwas hilfreich, um zu dir zu kommen?

Klopf dir innerlich auf die Schultern, falls du dich als Focusing-»Neuling« auf die Übung hast einlassen können. Hast du vielleicht etwas entdeckt, was für dich interessant oder ein wenig neu ist? Was ist das?

Sollte sich etwas Ungutes, wie zum Beispiel Gedankenkreisen, in dir breit gemacht haben, kann dir folgende Kurz-FreiRaum-Technik dabei helfen, Abstand zu gewinnen und dich etwas besser zu fühlen.

Im zweiten Teil erfährst du weitere Techniken, wie du auch im Stehen, im Gehen und in Bewegung aus dem Kopf in den Körper kommen sowie FreiRaum schaffen kannst.

Zweiter Schritt: FreiRaum schaffen

FreiRaum bietet dir eine wunderbare Möglichkeit, dich jederzeit auf eine einfache und angenehme Weise von allem zu distanzieren, was dich im Moment belastet und davon abhält, dich auf das zu konzentrieren, was dir wichtig ist.

Übung 

Kurz-FreiRaum-Technik: Entlastungsatmung

Ziele und Nutzen: Mit FreiRaum kannst du dir Erleichterung und einen lebensbejahenden Abstand verschaffen zu allem, was dich bedrückt und zu überwältigen droht. So kannst du schnell wieder Zugang zu allen deinen Fähigkeiten erlangen. Die folgende Kurz-FreiRaum-Technik kannst du in allen Situationen deines Lebens anwenden, sei es während und außerhalb der Arbeit, bei Arztterminen, in und vor Prüfungen und sogar in Gegenwart anderer Menschen. Denn den Atem hast du immer dabei. Bei Stress, innerer Unruhe, negativen Gedanken, Herzrasen, Angst, Aufgeregtheit und Ärger kann die gezielte verlängerte Ausatmung dir jederzeit helfen, deine Gedanken und Gefühle zu beruhigen, deine Muskulatur zu entspannen und den Blutdruck zu senken. Indem du zusätzlich den Verstand beschäftigst und dir genau vorstellst, welche deiner konkreten Probleme du »hinausatmest«, schaffst du wirkungsvoll FreiRaum. Die Übung kann ganz kurz oder auch länger durchgeführt werden, solange bis du dich erleichtert fühlst und wieder aufatmen kannst.

Ablauf: Mache es deinem Körper wieder gemütlich ... Spüre ganz bewusst deine Fußsohlen am Boden oder auf der Unterlage, die Berührungspunkte deines Körpers auf der Sitzfläche und an der Lehne ... Schließe zwischendurch die Augen, wenn es angenehm ist und du dich dann besser spüren und wahrnehmen kannst ... Atme durch die Nase unangestrengt ein und durch den leicht geöffneten Mund wieder aus ...

Lass dich in die Ausatmung hineinfallen und atme so lange aus, wie es geht ... Lasse die Einatmung von allein unangestrengt wieder kommen ... Stelle dir dabei so genau wie möglich vor, wie das Unbehagliche – Gedankenkreisen, innere Unruhe oder unangenehme Empfindungen – bei der Ausatmung aus deinem Körper weichen ... und wie du mit der Einatmung Positives in dich aufnimmst. Beschäftige deinen Verstand, indem du dir innerlich beispielsweise sagst: »Einatmend nehme ich frische positive Energie in mich auf und das, was mir jetzt guttäte ... Ausatmend lasse ich das Unbehagliche aus meinem Körper weichen.« Wähle die Worte, die für dich stimmen und wiederhole die Sätze mehrmals.

Stelle dir bei der Einatmung genau vor, was dir jetzt guttäte ... ebenso konkret wie möglich bei der Ausatmung, dass du das, was sich unangenehm in dir anfühlt, aus deinem Körper herausatmest und deinen inneren Raum davon frei machst. Nach dem Ausatmen warte, bis wie von selbst eine kleine Pause des Nichtatmens nach dem Ausatmen entsteht, in der sich dein vegetatives Nervensystem beruhigt.

Mache die Übung solange, bis sich dein Atem vertieft und beruhigt hat und es sich etwas weiter und freier in dir anfühlt ... Lass deinen Atem wieder frei fließen und nimm dir noch einen kleinen Moment Zeit, die kleine Übung in dir nachklingen zu lassen.

Erkunde, was du jetzt in dir wahrnimmst und sich vielleicht in dir verändert hat ... Wie fühlt es sich jetzt in dir an? ... Warte in Ruhe ab ... Erlaube dir auch, dass du keinen Unterschied in dir zu bemerken brauchst ... Vielleicht passt jetzt eine andere FreiRaum-Methode besser, beispielsweise eine Variante in Bewegung aus dem zweiten Teil: das Abschütteln oder Belastendes lustvoll wegschieben.

Was hat sich jetzt vielleicht in dir verändert? Wie nimmst du deinen Atem wahr?

___

___

___

___

Wie fühlt es sich jetzt in dir an?

___

___

___

___

Wenn du magst, kannst du auch gleich die nächste Übung ausprobieren.

Übung 

Bei Tätigkeiten im ganzen Körper anwesend sein

Ziel: Erkunden, wie sich deine Präsenz, dein Körper- und Lebensgefühl verändert und was du erlebst, wenn du bei deinen Tätigkeiten in deinem ganzen Körper anwesend bist. Und du kannst herausfinden, wie es auf deinen Zustand und deine Gefühlslage wirkt, wenn du den Kontakt zu dir und deinem Körper verlierst.

Ablauf: Möchtest du erforschen, wie es für dich ist, wenn du weiterliest, deinen Körper ganz bewusst spürst und so in ihm anwesend bist? ... Wie fühlt sich das an? ... Woran bemerkst du deine Präsenz? ... Was ändert sich dann? ... Wie wirkt sich das auf deine Wahrnehmung und deine Stimmung aus? ... Sei offen und lasse dich in aller Ruhe überraschen, ob und was du möglicherweise bemerkst. Es ist völlig in Ordnung, wenn du beim ersten Mal nichts registrierst. Es braucht Übung und ein wenig Zeit, sich feiner und tiefer wahrzunehmen.

Experimentiere auch in deinem täglichen Leben bei anderen Aktivitäten mit dieser eindrucksvollen kleinen Übung. Du wirst erstaunt sein, was du dabei über dich entdecken kannst und wie einfach es sein kann, mehr Lebendigkeit in deinen Alltag zu bringen.

Wie fühlt es sich für dich an, mit dem ganzen Körper anwesend zu sein, wenn du liest oder eine andere Tätigkeit ausübst?

____

____

____

____

____

Was ist dann für dich anders – an deiner Präsenz, an deinem Körpergefühl, deiner Stimmung?

____

____

____

____

____

____

Im Folgenden kannst du den dritten Schritt kennenlernen, wie wir Antworten in uns bekommen.

Stimmige Ausschläge des inneren Navis erkennen

Dritter Schritt: Stimmiges in sich wahrnehmen lernen

Um einen ersten Eindruck davon zu bekommen, wie du focusing-orientiert eine innere Resonanz, einen sogenannten Felt Sense in dir wahrnehmen kannst, der dir signalisiert, ob etwas für dich stimmt oder nicht, schlage ich dir zwei kleine »Kostproben« vor.

Erinnerst du dich, dass ein Felt Sense die im Körper gefühlte Bedeutung, eine innere Resonanz zu einem Thema aus unserem Leben ist? Beispielsweise zu einer Idee, einem Problem, einer Situation, einem Körpersymptom, einer Entscheidungsmöglichkeit, einer Frage oder einem Erlebensinhalt wie Unwohlsein. Er ist eine physische Erfahrung. Er ist nicht zu verwechseln mit einer Körperempfindung oder einem Gefühl. Er ist ein körperliches Wahrnehmen einer Person, eines Ereignisses oder einer Situation. Er umfasst den Gesamteindruck von allem, was mit einem Gegenstand oder einer Person zu tun hat: alles, was du darüber weißt und fühlst. Es ist eine eher vage, zu-

nächst unscheinbare und diffuse Körperempfindung, die sich meistens im Brust-Bauch-Raum mit einem klaren Bezug zu etwas in deinem Leben zeigt.

Ich lade dich zunächst zu einem kleinen Experiment beim Lesen ein, um herauszufinden, woran du erkennen kannst, dass sich etwas stimmig anfühlt. Anschließend erkunde bei drei weiteren Experimenten in deinem alltäglichen Leben, wie du den Felt Sense in deinem Körper wahrnehmen kannst.

Übung 

Eine innere Resonanz, ein Gefühl von Stimmigkeit erkunden

Ziel: Die feinen Ausschläge deines inneren Navis bemerken. Einen Felt Sense entstehen lassen und die körperliche Resonanz, das Gefühl von Stimmigkeit, erkunden.

Ablauf: Wichtig ist, dass du dir genug Zeit nimmst, um bei jeder einzelnen Frage zu verweilen und einen Felt Sense entstehen zu lassen – ungefähr eine Minute. Normalerweise schweifen wir schnell mit unserer Aufmerksamkeit ab, wenn wir etwas wahrnehmen, das unklar ist.

Richte deine ganze wohlwollend-freundliche Aufmerksamkeit auf deinen Körper ... Spüre ganz bewusst die Kontaktflächen deines Körpers mit dem Boden und der Unterlage ... Lasse deinen Atem fließen ... Erlaube deinem Körper, sich in aller Ruhe wie von selbst zu bewegen, um eine gemütliche, für dich stimmige Körperhaltung zu finden ... Spüre dabei in deinen Körper hinein, wie sich das anfühlt ...

Du kannst dich fragen: Braucht es noch etwas, um eine stimmige, gemütliche Körperhaltung zu finden? ... Möchte noch etwas verändert werden? ...

Lasse die Fragen eine Weile in dir wirken ... Vielleicht möchte noch etwas gelockert, gestreckt oder gedehnt werden? ... Überlasse deinem Körper die Regie ... Spüre offen und unvoreingenommen in deinen Körper hinein, ob du zu einer der Möglichkeiten eine innere Resonanz in deinem Körper spürst ... Wenn ja, folge diesem Impuls und erkunde, wie es sich jetzt in dir anfühlt ...

Dann erinnere dich an den Moment, als du dieses Buch ausgesucht und dich dafür entschieden hast ... Lasse die Situation in aller Ruhe vor deinem inneren Auge entstehen und nimm sie mit allen Sinnen wahr ... Frage dich Richtung Körpermitte und lasse jede Frage nacheinander jeweils eine ganze Zeit lang in dir wirken: Was hat dich genau angesprochen? ... Was hat dich neugierig gemacht? ... Was hat dich gereizt oder deine Aufmerksamkeit gefesselt? ... War es Focusing oder Speed-Focusing oder, oder ...?

Lasse die damalige Situation und deinen Entscheidungsprozess in dir wirken und achte darauf, was das Ganze in deinem Körper auslöst ... Achte auf kleinste Veränderungen, ein vages unscheinbares Gefühl in deinem Körperinneren ... Lasse dich überraschen, was auftaucht ... Spüre dabei offen unvoreingenommen und neugierig wie ein Kind oder wie Forschende in deinen Körper hinein ... Gestatte dir auch, dass du innerlich vielleicht gar nichts wahrnimmst ... Nimm dir etwas Zeit ...

Erkunde wohlwollend und freundlich, unvoreingenommen, neugierig und aufmerksam, was du in deinem Bauch-Brust-Raum spürst ... Verweile bei dem vielleicht zunächst unklar Gespürten oder der vagen Ahnung ...

Achte darauf, ob Bilder, Worte oder Gefühle in dir aufsteigen ... Nimm alles zusammen, das dazu geführt hat, dich zu entscheiden – die inneren Bilder, Worte oder Impulse aus deinem Inneren, die aufgetaucht sind ... Was genau hat dazu geführt, dass es sich stimmig angefühlt hat, das Buch zu erwerben? ... Gibt es dazu einen Satz oder eine Überschrift?

Was hast du innerlich erlebt?

____

____

____

Was hast du genau in deinem Körper gespürt? Wo genau?

Wie hat sich deine innere Resonanz angefühlt?

Welche Überschrift hast du gefunden?

Was hast du entdeckt?

Was war vielleicht ein bisschen neu für dich?

Vermutlich fällt es dir leichter, in einer realen Situation im Alltag deine innere Resonanz zu erforschen. Beginne in leichten, nicht so bedeutsamen Alltagssituationen zu erkunden, woran du dieses Gefühl von Stimmigkeit erkennst, bevor du dich beim Üben für dich wichtigeren und anspruchsvolleren Situationen zuwendest.

Übung 

Eine stimmige innere Resonanz erkennen lernen

Wenn du das nächste Mal in einem Restaurant, in einer Kantine oder bei einem Besuch essen gehst und etwas Zeit mitbringst, erkunde in Ruhe, wo du in der Gaststätte oder in dem Speiseraum genau sitzen möchtest. Wo ist ein stimmiger Sitzplatz? Halte vorher einen Moment inne und spüre ganz bewusst deinen Körper, die Berührungspunkte der Füße mit dem Boden und deinen Atemstrom ... Dann schaue dich in Ruhe um und nimm den Raum mit allen Sinnen wahr ... Lass dir etwas Zeit dabei ... Spüre ganz bewusst deinen Körper und Atem ... und frage in Richtung Körpermitte: Wo zieht es mich hin? ... Wo fühle ich mich am wohlsten? ...

Lass die verschiedenen Sitzplätze eine Weile auf dich wirken und spüre dabei offen und unvoreingenommen eine Zeit lang in deinen Körper hinein, um zu erkunden, wie sich das anfühlt ...

Du kannst auch verschiedene Standorte im Raum aufsuchen, dich umschauen und die Situation eine Weile auf dich wirken lassen ... Du kannst probeweise einige Sitzplätze ausprobieren ... Nimm den jeweiligen Platz und die Umgebung als Ganzes aus deiner Perspektive bewusst wahr und spüre eine Weile in deinen Körper hinein ... Erkunde innerlich achtsam und lasse jede Frage eine Zeit lang in dir wirken:

- Was genau macht sich in deinem Körper bemerkbar?
- Wo spürst du eine innere Resonanz?
- Wie fühlt sich das im Körper an?
- Woran bemerkst du das?

Achte auf kleinste Veränderungen und bemerke, ob es sich stimmig und gut anfühlt. Wenn nicht, suche dir einen anderen Platz aus.

Wie war das kleine Experiment für dich? Was war vielleicht spannend für dich? Oder hat sich vielleicht auch etwas befremdlich angefühlt? Das ist ganz natürlich, wenn wir etwas Neues ausprobieren.

Wie war das Erkunden für dich?

____

____

____

____

____

Wo in deinem Körper hast du deine innere Resonanz bemerkt?

____

____

____

Woran hast du bemerkt, dass es sich stimmig angefühlt hat?

____

Wie hat sich das angefühlt?

Alternativ kannst du beim Lesen einer Speisekarte erforschen, woran du erkennst, dass sich deine **Wahl eines Gerichts** stimmig anfühlt. Oder du achtest bei der Recherche im Internet nach einer für dich **stimmigen Veranstaltung** darauf, was dich besonders anspricht, wann deine Aufmerksamkeit steigt und dich etwas fesselt.

Du kannst in deinen Körper hineinspüren und da herausfinden, woran du dieses Gefühl von Stimmigkeit erkennst. Es ist wichtig, deinem Inneren dabei Zeit zu geben. Der Kopf reagiert meist schnell, aber unser Inneres braucht etwas länger, etwa bis zu einer Minute, bis wir einen Felt Sense, diese innere Resonanz, entdecken. Klappt es beim ersten Mal nicht, sei geduldig mit dir und gönne dir die Zeit zum Üben. Bei allem, was wir neu erlernen, sind Wiederholungen und Übung notwendig. Denke einmal daran, wie lange es dauert, bis wir das Laufen lernen oder Auto fahren, ein neues Instrument spielen oder einen neuen Tanz einzustudieren. Am Anfang geht es meist ein wenig holprig und fühlt sich selten direkt leicht und freudvoll an.

Im zweiten Teil des Logbuchs lernst du noch genauer, wie du Stimmiges und Nicht-Stimmiges unterscheiden und in herausfordernden Situationen herausfinden kannst, wenn etwas stimmt und nicht (mehr) stimmt und was du selbst tun kannst, damit es sich wieder stimmig anfühlt. Und du wirst lernen, stimmige Entscheidungen zu treffen.

Beim Weiterlesen kannst du darauf achten, wann sich das **Lesen** nicht mehr stimmig anfühlt und du eine **Pause** oder eine andere Art von Veränderung benötigst. Vielleicht möchtest du mit deiner freundlich-erkundenden Aufmerksamkeit beim Lesen zwischendurch kurz zu dir und deinem Körper zurückkehren und darauf achten, was du innerlich erlebst und was sich beim Lesen verändert.

Woran merkst du, dass es sich nicht mehr stimmig anfühlt, weiterzulesen und dass eine Veränderung, wie eine Pause oder ein Innehalten gut wäre, um beispielsweise den Kopf zu entlasten, das Gelesene zu »verdauen« oder der Körper bewegt werden möchte?

____

____

____

____

____

____

Wie macht sich das körperlich, gedanklich, gefühlsmäßig oder auch energetisch bemerkbar, dass es sich nicht mehr stimmig anfühlt, im Logbuch weiterzulesen?

____

____

____

____

____

____

____

Die entdeckerfreudige Focusing-Haltung entscheidet

Wusstest du, dass es für unser Empfinden von Freude, Glück oder Unwohlsein interessanterweise gar nicht am wichtigsten ist, *was* wir tun? Viel bedeutender ist, *wie* wir es tun. Unsere Beziehung, Haltung und Einstellung zu dem, was wir wahrnehmen und erleben, sind entscheidend. Sind wir »im Kopf« oder getrieben, im »Ich muss«-Modus und verfolgen verbissen unsere Ziele? Oder sind wir mit uns verbunden, im Frieden mit uns und dem Leben im Moment? Lehnen wir das ab, was wir gerade erleben? Oder öffnen wir uns für das, was uns das Leben gerade als (Lern-)Erfahrung und mögliche Wachstumschance anbietet?

Unsere Haltung und unsere Energie, mit der wir etwas tun, sind entscheidend dafür, ob wir zufrieden sind oder mit uns, unserem Leben und der Welt hadern. Schlingen wir das Essen hinunter oder genießen wir, was wir zu uns nehmen? Wie viel lebendiger und spannender ist es, wenn wir in der freundlichen spielerisch-entdeckerfreudigen Focusing-Haltung erkunden, wo unsere Energie hinströmt, was genau und wie es für uns jetzt stimmt.

Es macht einen großen Unterschied, ob wir unsere Tätigkeiten auf eine leichte und freudvolle Art ausüben und im spielerisch erforschenden Erkundungsmodus sind oder uns anstrengen und uns im Erledigenmodus befinden. Indem wir annehmend-wohlwollend zu uns selbst sind und beispielsweise bei Körperübungen in der Focusing-Haltung in den Körper hineinspüren, können wir herausfinden, welche Art von Bewegungen jetzt gut für unseren Körper und unsere Seele sind und wie wir sie genießen können.

Probiere es einmal beim Spazierengehen, Radfahren, beim Yoga, beim Tanzen oder anderen Sportarten aus, was sich verändert, wenn du ganz bewusst in der freundlich-wohlwollenden Focusing-Haltung erkundest, wie es sich für dich gut und stimmig anfühlt?

Wir sind gewohnt, unsere Aufmerksamkeit automatisch mehr auf das zu lenken, was nicht funktioniert, was noch zu erledigen ist und was uns nicht gefällt. Wenn wir gestresst sind, neigen wir verstärkt dazu, uns auf das Negative zu fokussieren. Dann nehmen wir mit der leicht dunkel gefärbten, »skeptisch angehauchten« Defizitbrille wahr, was in unseren Augen nicht in Ordnung ist und was noch nicht klappt. Wir haben also eher das halbleere Glas oder das Haar in der Suppe im Blick.

Erforsche, was du erlebst, wenn du dich selbst und andere in dieser wohlwollend, freundlichen und offen unvoreingenommenen Focusing-Haltung mit einer leicht farblich, »warmherzig« getönten Brille wahrnimmst und spielerisch experimentierfreudig erkundest, was sich in deinem Körper stimmig und gut anfühlt. Dadurch konzentrierst du dich auf das, was dich stärkt und voranbringt. Das unterstreicht auch das Zitat von Antoine de Saint-Exupéry: »Man sieht nur mit dem Herzen gut. Das Wesentliche ist für die Augen unsichtbar.«

Ähnlich wie in der Achtsamkeitspraxis wenden wir uns in der Focusing-Haltung annehmend, aufmerksam und absichtslos dem zu, was wir in uns wahrnehmen und erkunden, wie sich das anfühlt. Das bedeutet: In der wohlwollenden und entdeckerfreudigen Focusing-Haltung schenken wir unserem inneren Erleben offen und unvoreingenommen unsere volle, freundliche Aufmerksamkeit. Mit dem Herzen und warmen Augen nehmen wir tiefer wahr und begrüßen alles, was wir innerlich erleben. Im Unterschied zur klassischen Achtsamkeitspraxis stellen wir im Focusing unserem Inneren gezielt Fragen und widmen uns unklaren Situationen mit einer systematischen Focusing-Methodik. Wir fragen uns freundlich und wohlwollend Richtung Körpermitte. Wir öffnen uns dem Nichtwissen und erkunden ohne Erwartungsdruck das innere körperliche Erleben. Wir horchen in uns hinein, warten eine Weile ab und erspüren die innere Resonanz. Wir nehmen uns Zeit, bis ein Felt Sense entsteht und wir erkennen können, was »eingefaltet« ist: ein Erkenntnis-, ein Handlungs- oder ein Lösungsschritt. In der Focusing-Haltung gestehen wir uns auch zu, dass es in Ordnung ist, wenn nichts passiert und keine Antwort kommt.

Mithilfe der folgenden Focusing-Erkundungsexperimente kannst du dich in deinem Alltag selbst freundlich-wohlwollend begleiten – wie eine gute Freundin oder ein guter Freund. Dadurch kannst du eine positive Beziehung zu dir selbst und anderen aufbauen und dich tiefer kennenlernen.

Erkundungsexperiment 

Welche Brille hast du auf?

Möchtest du spielerisch erforschen, mit welcher Brille du dich selbst, deine Umgebung, die von dir erlebten Situationen und andere wahrnimmst? Schenke dir und deinem Körper in einem ersten Schritt wieder deine volle freundliche Aufmerksamkeit ... Finde in aller Ruhe eine gemütliche und zugleich wache Haltung ... Erkunde neugierig und interessiert, wo dein Körper auf der Sitz- oder Liegefläche ankommt ... Erlaube ihm, sein ganzes Gewicht an die Unterlage abzugeben. Überlasse ihm die Regie ...

Vielleicht magst du auf deinen Sitzhöckern hin und her ruckeln, deine Wirbelsäule wie von selbst sich bewegen lassen, damit dein Körper eine möglichst entspannte Position finden kann ... Lasse deinen Atem fließen ...

Dann nimm dir etwas Zeit und warte ab, um zu spüren, was du innerlich wahrnimmst. Welche körperlichen Empfindungen registrierst du? ... Welche Gefühle und Gedanken tauchen auf? ... Warte in Ruhe ab … Es gibt kein Richtig und Falsch. Nimm alles neugierig, unvoreingenommen und entdeckerfreudig wahr …

- Mit welcher Brille betrachtest du dich selbst?
- Worauf richtest du deine Aufmerksamkeit?

Lass dir Zeit, um es herauszufinden … Freue dich, wenn du etwas entdeckt hast, was auch immer es ist, und klopfe dir innerlich auf die Schultern. Ermutige dich, anstatt dich zu verurteilen …

Experimentiere dann damit, wie es sich für dich anfühlt, wenn du die Beste-Freundin-Brille oder Bester-Freund-Brille aufsetzt … Betrachte dich und dein inneres Erleben jetzt mit den warmen, wohlwollend, zugewandten Augen einer guten Freundin oder eines guten Freundes. Lass dir Zeit dabei … Was macht sich dann bemerkbar? … Was ist dann möglicherweise anders?

Was hast du herausgefunden? Welche Brille hast du auf?

Worauf richtest du deine Aufmerksamkeit?

___

___

___

___

___

Wie fühlt sich das für dich an?

___

___

___

___

___

Wie ist es für dich, wenn du dich mit den wohlwollenden Augen einer besten Freundin oder eines besten Freundes betrachtest?

___

___

___

___

___

Wenn du das nächste Mal nach **draußen** gehst – sei es zur Haltestelle, zum Einkaufen oder Spazierengehen –, **experimentiere** mit der Kraft deiner Aufmerksamkeitslenkung. Spüre zunächst deinen Körper und deinen Atem, um dich mit dir zu verbinden … Nimm dich freundlich und wohlwollend wahr, während du unterwegs bist … Sei gespannt darauf, wohin deine Aufmerksamkeit gelenkt wird und frage dich, worauf du – vielleicht automatisch – achtest. Spüre in dich hinein, um herauszufinden, wie sich das für dich anfühlt.

- Worauf richtest du deine Aufmerksamkeit?
- Welche Brille hast du dabei auf?
- Wie fühlt sich das für dich an?

In meinem Praxisübungsbuch (Pilz-Kusch 2020) findest du zehn weitere Selbsterkundungs-Experimente und mehrere Beispiele zum zweiten Focusing-Schlüsselwerkzeug achtsamer Selbstführung. Damit kannst du herausfinden, wie es dir gelingt, dich in der freundlich-erkundenden Focusing-Haltung selbst liebevoll zu begleiten und das Steuer in der Hand zu behalten, wenn du beschäftigt bist. Du kannst dich selbst in der Focusing-Haltung bewusst beobachten und gezielt erforschen, was für dich jeweils »richtig« und wirklich wichtig ist: was beispielsweise »dein Ding« ist oder wie du deinen inneren Antreiber und Kritiker erkennst und entmachtest.

Worauf hast du deine Aufmerksamkeit gerichtet?

____

____

____

____

____

Welche Brille hattest du dabei auf?

____

____

____

____

____

Wie fühlt sich das für dich an?

____

____

____

____

Erkunde beim nächsten **Spaziergang** oder beim **Weg zum Einkaufen** oder auf dem Rückweg, wie es für dich ist, dich selbst und die Welt um dich herum mit warmen Augen, mit dem Herzen wohlwollend-freundlich und unvoreingenommen in der Focusing-Haltung anzuschauen und mit einer wertschätzenden Brille auf Situationen, Menschen und das, was du erlebst, zu schauen. Lass dir jeweils Zeit, halte auch zwischendurch an, bleibe stehen und lasse die Situationen, die du erlebst, auf dich wirken, um eine innere Resonanz in dir bemerken zu können ...

Welche positiven und schönen Dinge kannst du in deiner Umgebung, in der Natur und bei deinen Mitmenschen entdecken? ... Was spricht dich an, berührt dich und erfreut deine Sinne? ... Was bringt dich zum Lächeln? ... Was inspiriert dich und regt deine Kreativität an? ... Was kannst du Positives bei dir und bei anderen entdecken? ... Nimm dir Zeit für deine Beobachtungen und Erkenntnisse.

Was hast du herausgefunden?

____

____

____

____

____

____

Bei der nächsten Tätigkeit, die du anschließend ausübst, erkunde spielerisch, wie du sie mit **Freude** anstatt angestrengt und verbissen angehst ... Experimentiere mit der Frage: Wie kannst du Sport treiben, arbeiten, schreiben, Hausarbeit erledigen oder einkaufen und dabei Freude empfinden? ... Wenn etwas sich ungut anfühlt, probiere spielerisch aus, etwas anders zu machen und eine stimmigere Herangehensweise zu finden ...

Wobei ist es dir gelungen, Freude in deine Tätigkeiten hineinzubringen?

Was hat dazu beigetragen?

Was hast du für Erfahrungen gemacht?

Wie war das für dich?

Was hast du entdeckt?

Erkennen, dass die Antwort richtig ist (Felt Shift)

Eine faszinierende Eigenschaft von Focusing ist, dass unser hochintelligenter Körper uns durch den sogenannten Felt Shift eindeutig signalisiert, wann die Antwort aus dem Inneren wirklich stimmig ist und sich richtig anfühlt. Der Felt Shift zeigt sich körperlich, wenn aus unserem Körper eine für uns richtige Erkenntnis, eine Lösung, eine Entscheidung oder der nächste stimmige Handlungsschritt aufsteigt. Wir erkennen ihn daran, dass wir körperlich aufatmen, eine Art Energiezustrom erleben und unsere Stimmung sich hebt. Die gewonnene Einsicht fühlt sich gut an, wie ein Aha-Erlebnis.

Kennst du dieses Gefühl im Körper, wenn es innerlich »Klick« macht? Selbst wenn die Erkenntnis nicht erfreulich ist, fühlen wir uns durch die gewonnene Klarheit oft besser. Wir verstehen jetzt, was nicht stimmig war, was uns bei einer Begegnung, einem Meeting oder Gespräch irritiert oder was uns bei der Arbeit ausgebremst hat. So können wir klarer sehen, wo wir ansetzen können und leichter unserem Körper die nächste Frage stellen, um herauszufinden, wie wir positive Veränderungen herbeiführen können.

Anwendungsmöglichkeiten von Speed-Focusing

Mit Speed-Focusing kannst du in allen beruflichen und privaten Situationen relativ flott Orientierung und Klarheit finden, wo es langgeht und was jetzt richtig und stimmig ist. Du kannst Focusing am leichtesten betreiben, wenn du allein bist und kurz innehältst. Du kannst es für dich selbst als Hilfe- und Lösungsinstrument anwenden, beispielsweise um einen stimmigen Handlungs- oder Interventionsimpuls zu erhalten und du kannst damit deine Klientel anleiten, um zum Beispiel eine stimmige Entscheidung mithilfe des inneren Navis zu finden. Am einfachsten ist es, wenn du Speed-Focusing direkt in einer konkreten Alltagssituation praktizierst, da du sie mit allen Sinnen auf dich wirken lassen kannst. Du kannst es auch zur Vorbereitung auf herausfordernde Begebenheiten oder zum Nachklang von berührenden oder belastenden Erlebnissen nutzen, um Klarheit und Erkenntnisse zu gewinnen.

- Mit Speed-Focusing lernst du, *stimmige Ziele* und deine für dich *passende (Aus-)Richtung* zu finden, die deinem Inneren entsprechen. Du kannst zum Beispiel zu Beginn der Arbeit schnell erkennen, wo deine Energie und Motivation hingeht, was dir jetzt leicht und freudvoll von der Hand geht und kannst so focusingorientiert während (und außerhalb) der Arbeit deinem inneren Fluss (Flow) folgen. Du kannst *stimmige Entscheidungen* treffen und *Prioritäten setzen*, die zu dir, deiner Verfassung und deinem Inneren passen.
- Speed-Focusing ermöglicht es dir, in *herausfordernden Situationen* entlastende Schritte und *stimmige Lösungen* finden. Du erkennst besser, was jetzt nötig, hilfreich und ein guter nächster Schritt sein könnte.
- In Zeiten von *Stress, Blockaden und Ungereimtheiten*, wenn du im Nebel stocherst, in eine Sackgasse oder ins Schleudern gerätst oder dich etwas nervt oder stresst, kannst du mit Speed-Focusing rasch Abstand, den Kopf frei bekommen und zum nächsten stimmigen Schritt finden, der dich wieder voranbringt. Du kannst deine inne-

re Suchmaschine beispielsweise fragen: Was ist jetzt los? Was bremst mich aus? Was kann mich entlasten? Was stärkt mich jetzt und täte mir gut? Was habe ich in der Hand zum Positiven zu verändern? Wie komme ich wieder in meine Kraft und Handlungsfähigkeit?

- Speed-Focusing unterstützt dich dabei, auf eine sanfte Art zu einer *selbstverantwortlichen Selbstfürsorge* zu kommen und für deine *stimmige Balance* zu sorgen. So kannst du besser für dich sorgen, jederzeit in dir Kraft, Halt und Wohlbefinden finden, stimmige Kraftinseln im Alltag entdecken, deinen gesunden Rhythmus finden, deine Bedürfnisse und Grenzen erspüren und herausfinden, welche »Tankstelle« in einer bestimmten Situation passt und wie du jetzt am besten abschalten kannst.
- Dein inneres Navi verhilft dir zu *persönlichem Wachstum* und *Selbstentfaltung*. Damit kannst du die für dich richtige Ausrichtung, deinen ureigenen Weg und den für dich stimmigen Platz – beruflich und privat – aufspüren. Was möchte in dir lebendig werden? Was ist »dein Ding«, das dich aufblühen lässt? Was ist deine Berufung?

Test: Was stimmt (nicht) in deinem Leben und was möchte noch lebendig werden?

Ziel und Nutzen: Durch den Selbsttest gewinnst du Klarheit über deine aktuelle Lebenssituation und erkennst, wo du Potenzial für mehr Lebensqualität und persönliches Wachstum hast. Dies ermöglicht es dir, stimmige Ziele zu entwickeln und dein inneres Navi gezielt auf das auszurichten, was dir am Herzen liegt und mehr Raum in deinem Leben haben möchte. Darüber hinaus kannst du durch den Test greifbare attraktive Ziele für deinen Alltag finden und so leichter Erfolgserlebnisse erreichen.

Ablauf: Schenke dir selbst, deinem Körper und den Fragen deine ganze wohlwollend-freundliche Aufmerksamkeit – wie eine gute Freundin oder ein guter Freund. Beginne damit, die erste Frage zu lesen und lasse sie einen Moment in dir wirken. Schreibe dann auf, was in deinem Leben bereits gut funktioniert und was du gern beibehalten möchtest. Im Anschluss lies die nächste Frage durch. Spüre in dich hinein und ordne dich auf einer Skala von 0 und 10 ein, wie zufrieden du derzeit in diesem Bereich bist. Versuche, spontan und aus dem Bauch heraus zu antworten, ohne zu lange nachzudenken. Fahre dann fort mit der nächsten Frage und notiere auch hier deine Einschätzung.

1. Was läuft in deinem Leben bereits gut und möchte beibehalten werden? (zum Beispiel Arbeit, Zeit für dich, Beziehungen, Familie, Freundschaften, Gesundheit, Selbstfürsorge, persönliches Wachstum, Erfüllung, Lebenssinn)

   ....

   ....

Ordne dich bei den folgenden Fragen auf einer Skala zwischen 0 und 10 ein und notiere eine für dich stimmige Zahl.

2. Bist du am für dich richtigen Platz? Übst du die Arbeit aus, die zu dir, deinen Fähigkeiten und Neigungen passt?

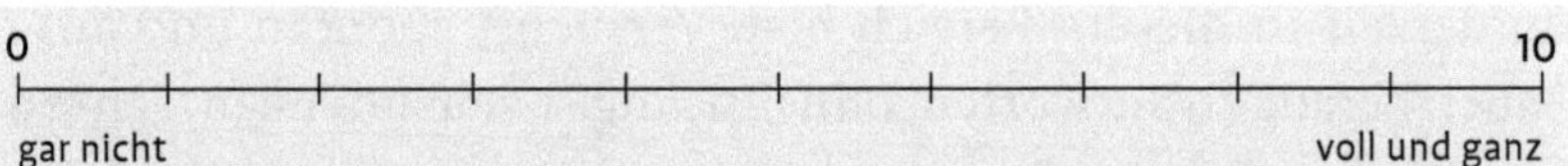

3. Erlebst du dein menschliches, berufliches Umfeld als angenehm, unterstützend und stimmig?

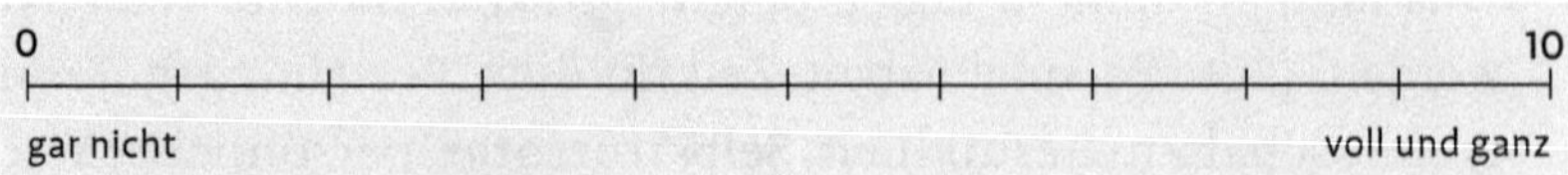

4. Stimmen Gangart, Tempo, Energielevel, Arbeitsrhythmus und die Art, wie du arbeitest?

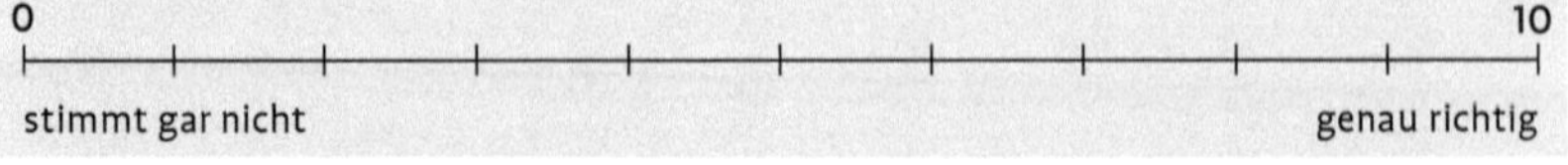

5. Wie gut nimmst du die Signale deines Körpers wahr, beachtest sie und gehst nicht über sie hinweg?

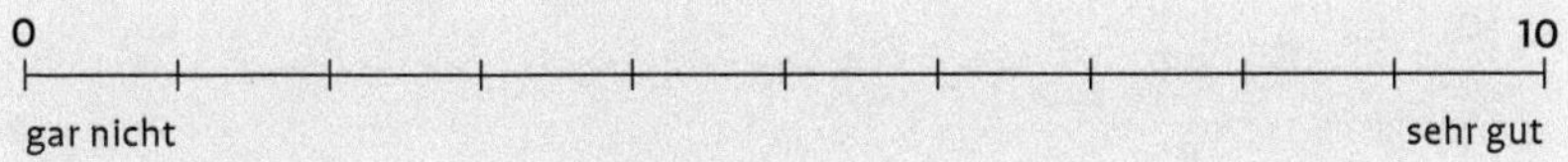

6. Wie gut ist deine Balance zwischen Arbeit/Aktivitäten und Ruhe/ Entspannung?

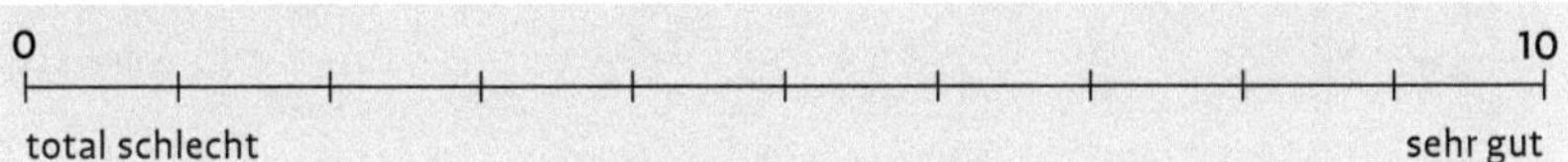

7. Wie fit, energiegeladen und ausgeglichen fühlst du dich?

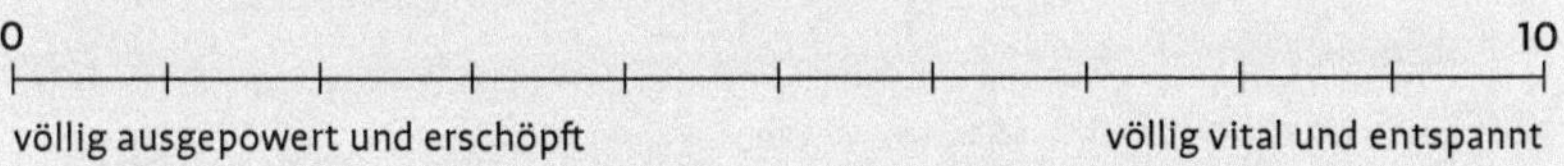

8. Wie gut und stimmig kannst du dich selbst steuern – beruflich und privat?

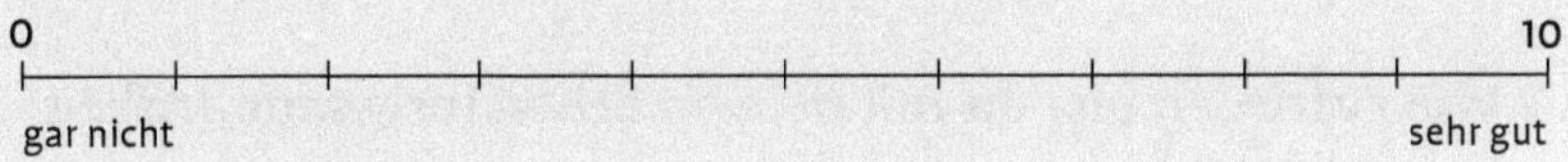

9. Gönnst du dir Zeit für dich, für Freude und Wohltuendes?

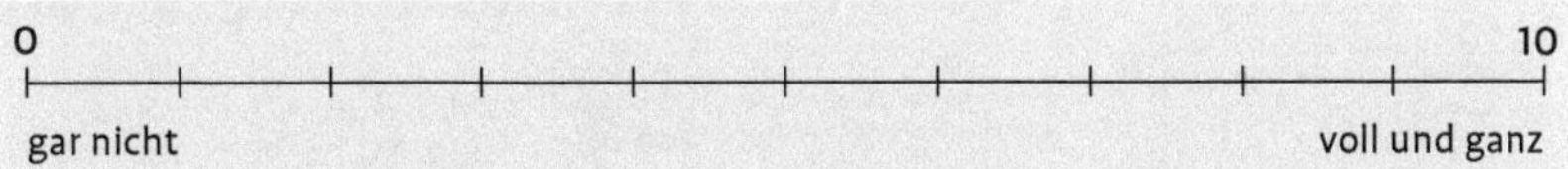

10. Lebst du dein Leben (oder wirst du gelebt, funktionierst nur, erfüllst Erwartungen)?

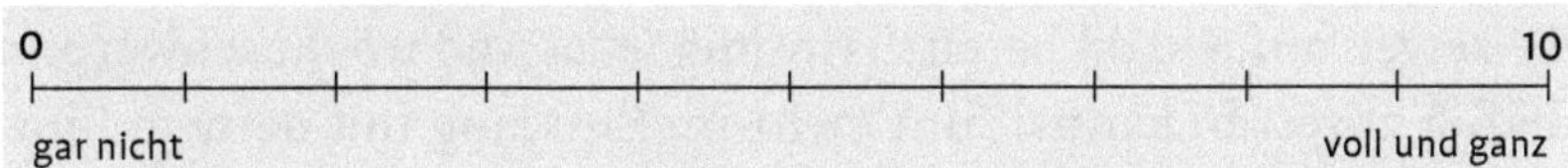

11. Wie »nährend«, unterstützend und stimmig erlebst du deine persönlichen Beziehungen und Freundschaften?

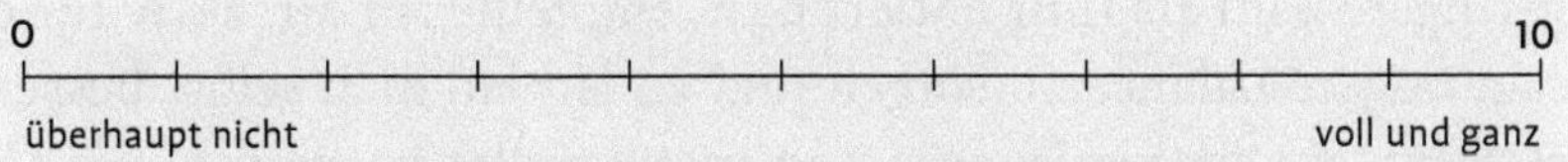

12. Kannst du dich so zeigen, wie du bist – in deinem Job und in deinen Beziehungen?

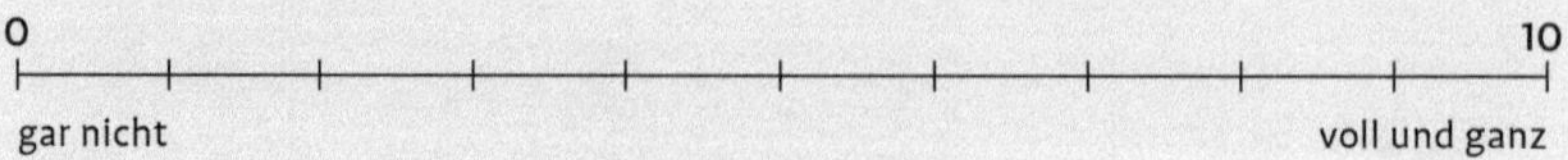

13. Wie bist du mit dir und deinem Leben im Reinen – im Einklang?

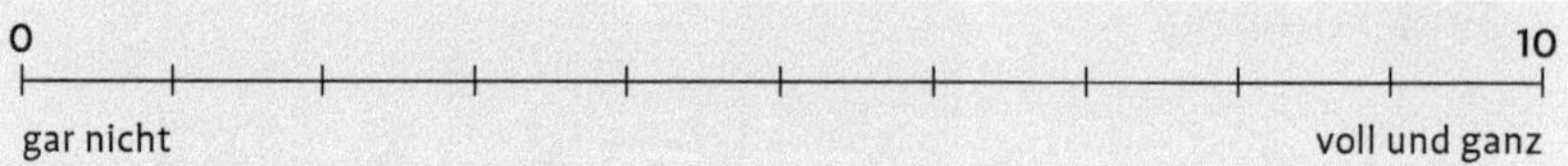

14. Wie zufrieden bist du mit deinem Leben außerhalb der Arbeit?

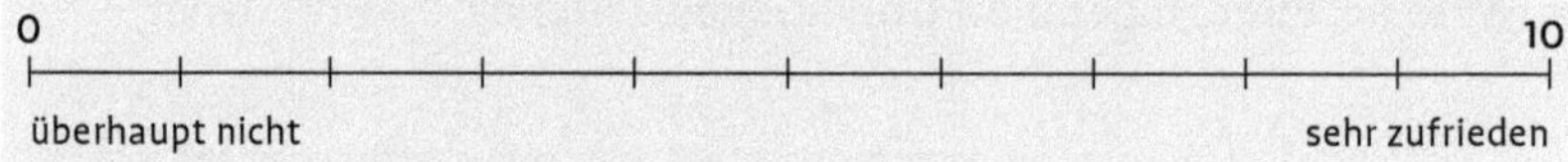

15. Lebst du das, was dir am Herzen liegt und Freude bereitet?

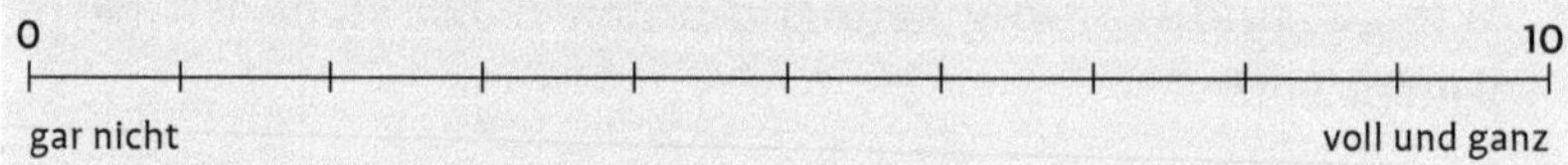

16. Wie zufrieden bist du mit deinem Leben insgesamt (Arbeit, Zeit für dich, Selbstregulation, Selbstfürsorge Beziehungen, deine Bestimmung, Lebenssinn, Wachstum)?

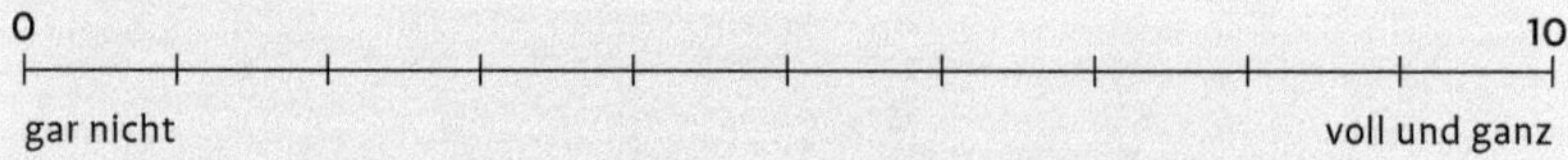

Die ersten und letzten Fragen sind eher grundsätzlicher Natur und ermöglichen dir eine allgemeine Einschätzung deiner Lebensbereiche. Sie zeigen auf, wo du bereits stimmig lebst und wo du schwerpunktmäßig ansetzen kannst, um mehr im Einklang mit deinem Inneren zu arbeiten und zu leben.

Wenn du bei den Fragen vier bis neun, die sich auf Energie, Stresslevel und Balance beziehen, bei mehr als zwei oder drei Fragen eine geringere Zahl als fünf notiert hast, empfehle ich dir, aktiv für eine stimmigere Balance zu sorgen und zu lernen, dich selbst besser zu steuern, um ausgeglichener und energievoller zu werden, vor allem wenn dein Körper schon mit körperlichen Symptomen reagiert. Gönne dir professionelle Unterstützung durch ein Coaching oder eine Therapie, um es dir leichter zu machen und schneller Erfolge zu erzielen, vor allem wenn du sehr erschöpft bist und das Gefühl hast, dich nicht mehr steuern zu können.

Alle Antworten mit weniger als fünf, aber auch weniger als zehn Punkten geben dir Aufschluss darüber, wie viele Ansatzpunkte du für Verbesserungs- und Wachstumspotenziale selbst in der Hand hast, um mehr Lebendigkeit, Lebensfreude und Zufriedenheit in dein Leben zu bringen und aufzublühen.

Übung 

Dem Selbsttest nachspüren

Nimm dir einen Moment Zeit, um das Erlebte in dir nachklingen zu lassen ... Spüre ganz bewusst deinen Körper, die Berührungspunkte deiner Fußsohlen auf dem Boden und deines Rumpfes auf der Unterlage ... Lass deinen Atem fließen und atme hörbar aus ... Bringe mit dem Ausatmen alles Belastende auf Abstand ... Du kannst auch belastende Gedanken und Gefühle aus deinem Körper herausschütteln ...

Schaue dir die Ergebnisse des Selbsttests noch einmal in Ruhe an und lasse sie eine Weile auf dich wirken ... Spaziere mit deiner wohlwollend-freundlichen Aufmerksamkeit in dein Körperinneres ... Versuche, allen Empfindungen in dir zu erlauben, da zu sein ... Spüre in deinen Körper hinein ...

Was löst der Selbsttest in deinem Körper aus? ... Was spürst du genau in deinem Körper? ... Wie fühlt sich das an? ... Lasse jede Frage eine Weile in dir wirken ... und spüre aufmerksam interessiert und offen unvoreingenommen in deinen Körper hinein ... Welche Empfindungen regen sich in dir? ... Wie wirkt sich das auf deine Befindlichkeit und Stimmung aus? ... Nimm dir dafür etwas Zeit ... Beschreibe genau, was du in deinem Körper spürst, welche Empfindungen du wahrnimmst und wie es sich in dir anfühlt.

____

____

Was hält dich davon ab, das Leben zu leben, das du gern leben möchtest? Lass die Frage eine Weile in dir wirken und warte in Ruhe ab, was aus deinem Inneren aufsteigt.

Was hast du schon unternommen, um zu leben, was du leben möchtest, wonach du dich sehnst und was dir entspricht?

Welche Antworten sind ein Hinweis darauf, dass etwas in deinem Leben zum Positiven verändert werden möchte? Markiere diese Punkte.

Welche ein bis drei der markierten Punkte haben für dich die höchste Priorität?

Frage dich dann Richtung Körpermitte: Was genau möchte in meinem Leben zum Positiven verändert werden? ... Lass auch diese Frage eine Weile in dir wirken ... Horche in dich hinein ... Warte in Ruhe ab, welche Antworten auftauchen ...

Wenn du merkst, dass du noch keine Antworten auf die Fragen findest und dich stattdessen von Unklarheit, Verwirrtheit, Ungeduld oder Unwohlsein überwältigt fühlst, dann nimm dir einen Moment, um innezuhalten, entspanne dich und lehne dich erst einmal zurück. Schenke dir und deinen Empfindungen deine ganze wohlwollend-freundliche Aufmerksamkeit. Vielleicht gelingt es dir, das Ungeklärte oder Unbehagliche in dir einfach nur da sein zu lassen, ihm vom Herzen her zuzulächeln oder etwas Mitgefühl und Anteilnahme zu schenken. Vielleicht tut es auch gut, kräftig auszuatmen und alle deine belastenden Gefühle und Gedanken herauszuatmen oder mit dem ganzen Körper im Stehen herauszuschütteln und auf Abstand zu bringen, damit es sich in dir wieder etwas freier und weiter anfühlt (s. FreiRaum-Techniken).

Vielleicht benötigst du einfach noch mehr Zeit, um die Fragen oder manche Antworten in dir sacken und wirken zu lassen. Du kannst den Fragen auch im Alltag auf den Grund gehen, dich in der entdeckerfreudigen Focusing-Haltung freundlich und wohlwollend beobachten und erkunden, ob du Antworten zu einigen Fragen findest. Oder versuche es wie Rilke: »Man muss Geduld haben. Mit dem Ungelösten im Herzen, und versuchen, die Fragen selber lieb zu haben, wie verschlossene Stuben, und wie Bücher, die in einer sehr fremden Sprache geschrieben sind. Es handelt sich darum, alles zu leben.« Du kannst sie focusingorientiert in dir »weiterarbeiten« lassen, bis die Antworten in dir reifen. Sollte das nicht klappen, verzage nicht. Du kannst dir auch ein anderes Mal Zeit nehmen und die Übung dann in Ruhe wiederholen.

Stimmige Ziele mit Körperintelligenz aufspüren

»Wenn du nicht weißt, wo du hinwillst, musst du dich auch nicht wundern, wenn du nicht ankommst.« (Mark Twain)

Finde mit Focusing selbst heraus, was du dir erhoffst und wünschst. Entwickle attraktive, stimmige Ziele, was du im Umgang mit dir, in und außerhalb deiner Arbeit und in deinem Leben erreichen möchtest. Finde Ziele, die dich ansprechen, energetisieren und deinen inneren Kompass in die für dich stimmige Richtung »ausrichten«. Diese Ziele kannst du leichter erreichen, wenn sie dir entsprechen und mit deinem Inneren übereinstimmen und nicht nur auf Wunschgedanken deines Verstands beruhen. Deine innerliche Klarheit hat unmittelbare Auswirkungen auf deine Motivation, deinen Körper und dein Gehirn. Studien haben gezeigt, dass das Gehirn dank seiner neuronalen Plastizität großartige Veränderungen erfahren kann. Wenn wir beharrlich und mit Freude unsere Aufmerksamkeit bewusst auf das lenken, was wir erzielen möchten, hat das nicht nur positive Auswirkungen auf unser Gehirn, sondern auch auf unseren Körper und unser Verhalten. Bewusstheit hilft uns dabei zusätzlich, die gewünschten Ziele erfolgreich in die Tat umzusetzen.

Übung 

Stimmiges Zielbild aufspüren und ihre Verwirklichung fühlen

Ziele und Nutzen: Spüre mithilfe deiner Körperintelligenz ein stimmiges Ziel für dein inneres Navi auf, das dir wirklich entspricht und mit deinem Bauchgefühl und deinem Erfahrungswissen übereinstimmt, statt nur den Wunschvorstellungen deines Kopfes zu folgen. So kannst du voll und ganz dahinterstehen und dein Ziel wirklich erreichen. Kreiere zusätzlich mit Focusing ein inneres Bild davon, wohin du möchtest und spüre mit allen Sinnen nach, wie sich das anfühlt, wenn du das verwirklicht hast. Diese Kraft der Vorstellung wirkt auf dein Inneres, entspannt deinen Körper, aktiviert deine Zellen, hebt deine Stimmung und deine Motivation.

Ablauf: Mache es deinem Körper so gemütlich wie möglich ... Schließe die Augen zu Beginn und zwischendurch, wenn es angenehm ist, um dich besser auf dich und dein Inneres konzentrieren zu können ... Spüre ganz bewusst, wo dein Körper den Boden und die Unterlage berührt ... und erlaube sein Gewicht, so gut es geht, an den Boden und die Unterlage abzugeben ... Lasse deinen Atem frei fließen. Sollten noch Gedanken in deinem Kopf herumschwirren, lasse sie mit einigen bewussten Ausatemzügen aus deinem Körper gehen ... Finde einen guten Abstand zu dem, was dich davon abhält, ganz da zu sein, sodass es sich in dir freier und weiter anfühlt ...

Spüre bewusst in deinen Körper hinein, um zunächst einen angenehmen Ort in deinem Körper aufzusuchen (s. S. 137 f.) oder frage direkt deinen Körper:

- Was genau möchte ich in meinem Leben zum Positiven verändern? ...
- Was möchte ich mithilfe der Focusing-Werkzeuge klären oder erreichen? ...
- Was möchte in meinem Leben gelebt werden oder mehr Raum haben? ...

Lasse die für dich passenden Fragen jeweils eine Weile in dir wirken und warte dann neugierig und offen in der Focusing-Haltung ein bis zwei Minuten ab, was aus deinem Inneren zunächst eventuell vage aufsteigt, bis sich eine stimmige Antwort findet, die wirklich passt ... Der Verstand ist meist schnell mit einer bekannten Antwort. Das Innere benötigt mehr Zeit ... Warte in Ruhe ab ... Achte auf deine innere Resonanz sowie auf Impulse oder auch Worte, die auftauchen ...

Stelle dir nun mit allen Sinnen genau vor, wie du dich fühlen wirst, wenn du dein Ziel erreicht hast: Wie ist dann dein Gesichtsausdruck, deine Körperhaltung, deine Stimmung? ... Wie startest du in den Tag?

... Wie bewegst du dich durch den Tag? ... Wie arbeitest du? ... Wie begegnest du anderen? ... Wie sieht dann konkret dein Tag, dein Feierabend, dein Wochenende aus? ... Wie fühlt sich das für dich an?

Lasse jede Frage der Reihe nach in dir fallen und einige Zeit wirken ... Lasse dich in Ruhe überraschen, welche Bilder oder Impulse aus deinem Inneren kommen ... Lass deinem Körper Zeit dabei ... Koste diese Vorstellung vollständig aus und genieße sie eine ganze Weile ... Beschreibe alle Bilder oder Gefühle, die in dir auftauchen ... Verweile bei dieser Vorstellung so lange, wie du möchtest.

Was hast du erlebt?

Was genau möchte ich in meinem Leben zum Positiven verändern?

Was genau möchte ich mit den Speed-Focusing-Werkzeugen klären oder erreichen?

____

____

____

____

____

____

Was möchte in meinem Leben gelebt werden oder mehr Raum haben?

____

____

____

____

____

____

Wenn ich das erreicht habe, wie fühlt sich das im Körper an?

____

____

____

____

____

____

Zeichne oder skizziere mit bunten Stiften deine inneren Bilder, Symbole und was du innerlich erlebt hast:

Falls es jetzt noch nicht gelingt, ist das völlig in Ordnung. Lass die Fragen in dir nachklingen oder wiederhole die Übung zu einem späteren, günstigeren Zeitpunkt. Möglicherweise sind die Antworten noch nicht ausgereift. In diesem Fall können die Fragen in dir weiterarbeiten, bis die Antworten klarer sind. Vielleicht zeigen sich Antworten plötzlich unter der Dusche, beim Aufräumen oder Spazierengehen … Es ist auch möglich, dass du zuerst weiterliest und später, beispielsweise zu Beginn des dritten Teils dieses Logbuchs, bei dem es um die Umsetzung in deinen Alltag geht, stimmige Ziele für deinen persönlichen und beruflichen Alltag findest.

Vielleicht hast du beim Weiterlesen Lust zu einem weiteren Experiment: Bemerken, wann die Energie sinkt und du eine Pause brauchst …?

Übung

Bemerken, wann die Energie sinkt und du eine Pause brauchst

Erkunde, woran du bemerkst, dass deine Aufmerksamkeit abfällt, dass du eine Pause benötigst oder etwas anderes nicht mehr stimmt. So kannst du dich darin üben, die feinen Signale deines inneren Navis zu bemerken. Auf diese Weise kannst du täglich trainieren, die feinen Ausschläge deines inneren Kompasses frühzeitig zu registrieren, insbesondere dann, wenn sie dich darauf aufmerksam machen möchten, dass etwas zum Positiven verändert werden möchte.

Woran bemerkst du, dass deine Energie sinkt und eine Pause nötig ist?

____

____

____

____

____

Teil 02
Speed-Focusing im vollen Alltag anwenden – eine Erkundungsreise

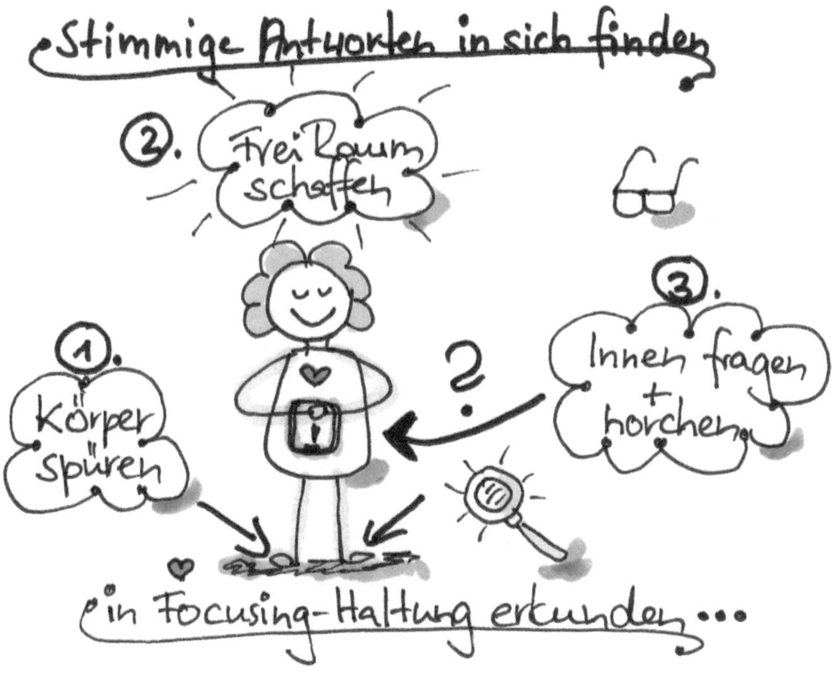

Stimmige und lebendige Selbstführung

Wie kann es dir gelingen, deinen Alltag mit geringem Aufwand achtsamer und bewusster zu gestalten, dich stimmig durch den Dschungel der täglichen Herausforderungen zu führen und mithilfe deines inneren Navis mehr Freude und Leichtigkeit in dein tägliches Leben zu bringen?

Du bist im zweiten Teil dieses Logbuchs eingeladen, dies mit den Speed-Focusing-Werkzeugen in vielen methodischen Varianten in deinem konkreten Arbeitsalltag spielerisch und entdeckerfreudig auszuprobieren.

Der erste Schritt und das wichtigste multifunktionale Speed-Focusing-Werkzeug, das dir dazu verhilft, ist das focusingorientierte Innehalten. Durch focusingorientierte Stopps im Arbeitsalltag kommst du in einen guten, lebendigen Kontakt zu dir und deinem Körper. Du wirst frei im Kopf und kannst das Steuer in der Hand behalten. Du lässt dich weder von innerem Getriebensein, Stress oder To-do-Listen wegtragen, noch verlierst du dich in Details.

Schaffst du es, mehrmals täglich für kurze Zeit anzuhalten, entschleunigst du ganz nebenbei. Du checkst zwischendurch dein körperliches und geistig-seelisches Befinden. Dadurch spürst du viel eher die feinen, wegweisenden Signale deines Körpers, bevor stärkere Stressreaktionen oder Körpersymptome wie Kopfschmerzen dich ausbremsen können. Du kannst dein inneres Navi wieder fein justieren und nordest dich auf das Wesentliche ein. Du wirst wach und offen für die anstehenden Aufgaben und Begegnungen mit anderen. Dieses Instrument hilft dir, selbstbestimmt und stimmig durch den Tag zu navigieren und – selbst im vollen Alltag – Zugang zu deiner inneren Stimme zu bekommen.

Erster Schritt: Regie übernehmen – mit focusingorientierten Stopps aus dem Kopf in den Körper kommen

Wenn du in eine neue Woche, einen neuen Tag startest, eine neue Tätigkeit aufnimmst, eine Besprechung, ein Seminar, ein wichtiges Gespräch oder Meeting bevorsteht, gönne dir einen Augenblick, um bei dir anzukommen.

Genauso wichtig ist es, dass du zwischendurch immer mal wieder zu dir zurückzukehrst, um das innere Navi wieder fein zu justieren. Während wir beschäftigt sind, verlieren wir leicht den Kontakt zu uns und zum inneren Navi. Deshalb haben sich in der Praxis die focusingorientierten Stopps von drei bis 90 Sekunden bewährt – in wenigen Sekunden oder etwas länger, je nachdem, wie geübt, entspannt oder gestresst du bist.

Übung 

Focusingorientiertes Innehalten

Ziele und Nutzen: Indem du bewusst deinen Körper spürst, verbindest du dich mit dir und deinem inneren Navi. Das ist die wichtigste tägliche Übung. Wenn du dich focusingorientiert körperlich spürst, kommst du in einen positiven und tieferen Kontakt zu dir. Du nimmst feiner deinen Körper und deinen Gesamtzustand wahr. Du findest Zugang zu deinem inneren Navi und kannst stimmige Impulse aus deinem Körper erhalten. Du spürst eher, was du möchtest und brauchst, beispielsweise eine Erholungspause. Du bist mit allen Sinnen in Berührung mit der Situation, in der du bist und kannst dich eher an kleinen schönen Dingen erfreuen. Du bist offener für die Menschen, mit denen du es zu tun hast. Du bemerkst leichter die hochintelligenten Wegweiser deines Inneren. Du kannst durch diese Übung überflüssige Anspannung loslassen und deinen Kopf frei bekommen. Dann bist du ganz da. Du kannst dich zentrieren und auf das wirklich Wesentliche ausrichten. Je mehr du übst, desto sicherer entwickelst du ein feines Gespür dafür, was dir wirklich guttut und was nicht, was sich jeweils für dich stimmig anfühlt und was nicht. Deshalb kehre täglich zu Beginn des Tages, bevor du mit einer neuen Aufgabe beginnst oder wenn irgendetwas nicht rundläuft, zu deinem Körper zurück. Auch an wichtigen Übergängen wie Arbeit – Feierabend, Arbeit – Wochenende, Arbeit – Urlaub, Fortbildung oder Dienstreise – zu Hause ankommen ist es nützlich, zu sich zu kommen.

Magst du es direkt ausprobieren?

Ablauf: Wende dich mit deiner vollen wohlwollenden und freundlichen Aufmerksamkeit dir und deinem Körper zu. Schließe deine Augen, wenn es angenehm ist, um ablenkende Außeneinflüsse auszublenden. So kann der Kopf leichter frei werden und du kannst deinen Körper besser wahrnehmen. Bewege deine Wirbelsäule wie von selbst, um eine möglichst angenehme Haltung zu finden. Falls du sitzt, probiere aus, wie es für dich ist, auf deinen Sitzhöckern hin und her zu ruckeln und deine Fußsohlen auf dem Boden hin- und herzubewegen, um eine bessere Verbindung zu dir und deinem Körper herzustellen. Falls du liegst, spüre ganz bewusst die Berührungspunkte deines Körpers mit der Unterlage. Erlaube ihm, seine ganzen Lasten, die deines Lebens und alle Anstrengung an die Unterlage abzugeben ... Lasse deinen Atem frei fließen ... Gib mit dem bewussten Ausatmen alle überflüssige Anspannung ab. Lasse alle Anstrengungen und alles, was dich belastet, so gut es möglich ist, mit dem Ausatmen gehen ... Nimm dir ein paar Atemzüge Zeit dafür.

Dann spaziere mit der nächsten Einatmung und deiner ganzen freundlichen Aufmerksamkeit in dein Körperinneres, in den Bauch-Brust-Raum ... Gib dir wieder ein paar Atemzüge Zeit, in deinem Inneren anzukommen.

Erkunde wohlwollend und neugierig, unvoreingenommen wie ein Kind oder jemand, der forscht: Was macht sich gerade in dir bemerkbar? ... Was spürst du im Körper? ... Wie fühlt es sich gerade in dir an? ... Wie ist die Stimmung in dir? ...

Lass jede Frage nacheinander eine ganze Weile in dir wirken und lehne dich dabei entspannt zurück ... Gib dir Zeit und sei offen für alles, was sich dir zeigt ... Lasse dich überraschen, ob und was in dir auftaucht ... Du kannst dich auch Richtung Körpermitte fragen: Wie bin ich gerade da? ... Was bemerke ich gerade von mir, von meinem Körper? ... Wie fühlt es sich gerade in mir an? ... Wie ist meine Gestimmtheit?

Lasse jede Frage jeweils eine Zeit lang in dir »arbeiten« ... Gestatte dir auch, dass nichts passieren »muss«. Es gibt kein Richtig und kein Falsch ... Falls du kaum etwas bemerkst, verurteile dich nicht, sondern probiere es zu einem anderen Zeitpunkt noch einmal. Je mehr du dich darin übst, umso schneller gelingt es dir, zu dir und zu deinem inneren Navi zu kommen.

Schreibe anschließend auf, was du erlebt und registriert hast.

Was macht sich bemerkbar in deinem Körper (Körperempfindungen, Gefühle, Befindlichkeit ...)? Was genau nimmst du wahr?

___

___

___

___

___

Wo im Körper spürst du etwas?

___

___

___

___

___

Was genau spürst du?

___

Wie fühlt sich das gerade in dir an?

Was war etwas hilfreich, um zu dir zu kommen?

Falls du Unbehagliches in dir registrierst, kannst du mit einer Kurz-FreiRaum-Technik wie beispielsweise mit der Entlastungsatmung oder mit dem Abschütteln von Belastendem ausprobieren, wie du einen guten Abstand finden kannst.

Wenn du schon etwas Erfahrung im Focusing hast, kannst du direkt im Anschluss ein Erkundungsexperiment anfügen und dein Inneres fragen: Wonach ist mir jetzt? Oder: Was braucht es jetzt? ... Oder: Was ist jetzt nötig und wirklich wichtig? ... Du kannst auch sofort die Speed-Focusing-Basisübung auf Seite 85 ff. ausprobieren.

Focusingorientiertes Innehalten oder focusingorientierte Stopps sind im Sitzen, im Liegen, im Stehen, ebenso wie in Bewegung möglich, falls du aufgewühlt oder innerlich unruhig bist. Du kannst auch mit dem entschleunigten achtsamen Gehen und dem bewussten Abrollen der Fußsohlen auf dem Boden aus dem Kopf in deinen Körper kommen (Pilz-Kusch 2017a, Impulskarten 3 bis 11).

Mit dem Grundmuster Körper spüren – Atem spüren – Innen spüren (K-A-I) kannst du dich leichter auf deinen Körper und dein inneres Erleben konzentrieren und es in verschiedenen Situationen anwenden.

Übung 

Focusingorientiertes Innehalten in drei Schritten – K-A-I

K = Körper spürend wahrnehmen: Schenke deinem Körper deine volle wohlwollend-freundliche Aufmerksamkeit. Erkunde, wie du eine bequeme Position im Sitzen oder Liegen findest. Schließe deine Augen oder senke den Blick, um leichter aus dem Kopf in den Körper zu kommen. Spüre ganz bewusst die Berührungspunkte deines Körpers mit dem Boden, mit der Sitzfläche oder der Unterlage. Lasse deinen Körper alle Lasten und Anspannungen an den Boden und die Unterlage abgeben – so gut es möglich ist. Entscheidend ist, dass du deinen Körper bewusst spürst.

A = Atem spürend wahrnehmen: Lenke deine freundlich-annehmende Aufmerksamkeit auf den Atemfluss. Beobachte, wie der Atem ein- und ausströmt. Lasse ihn frei fließen und Anspannungen mit der bewussten Ausatmung gehen. Über das bewusste Spüren des Ein- und Ausatemstroms kannst du auch in Kontakt zu dir kommen.

I = Innen spürend wahrnehmen – achtsam, annehmend, absichtslos: Um Zugang zum inneren Navi zu bekommen, spaziere mit deiner freundlichen Aufmerksamkeit in der Focusing-Haltung neugierig und unvoreingenommen in den Brust-Bauch-Raum. Nimm dich von innen her aufmerksam spürend wahr. Erkunde in aller Ruhe wohlwollend, **was** sich in dir bemerkbar macht und **wie** das für dich ist. Du kannst Richtung Körpermitte auch folgende Fragen nacheinander in dir fallen und eine Weile wirken lassen: Wie fühlt es sich gerade bei mir von innen her an? ... Wie ist meine innere Gestimmtheit? ... Wie ist die innere Atmosphäre? ...

Beobachte neugierig-interessiert, was du innerlich erlebst und wie sich das anfühlt ... Erlaube allem, was in dir ist, da zu sein. Vielleicht möchtest du dem Unwohlsein zulächeln oder Mitgefühl schenken. Du kannst dich fragen: Wie bin ich da? .... Horche aufmerksam und offen in dich hinein ... Lass dich überraschen, was in dir auftaucht.

Tipp: Am schnellsten und leichtesten kommst du aus dem Kopf in den Körper und zu dir selbst, indem du deine Augen schließt und aufmerksam deinen Körper spürst. Nimm ganz bewusst die Kontaktflächen beziehungsweise die Berührungspunkte deines Körpers mit etwas anderem wahr: die Füße am Boden, der Körper auf der Sitz- oder Liegefläche, an der Lehne, deine Hände am Buch, am Lenkrad, auf deinen Oberschenkeln oder auf Brustbein und Bauch. Spüre ganz achtsam deinen Ein- und Ausatemstrom. Am einfachsten und wirkungsvollsten kommst du zu dir, wenn du dabei mit leicht geöffnetem Mund und der Lippenbremse hörbar ausatmest.

Kürzere Varianten focusingorientierter Stopps in wenigen Sekunden

Bist du im Fluss und bemerkst, dass die Energie sinkt, reicht es mitunter, dich einfach einen Moment im Bürosessel oder einer anderen Sitzgelegenheit zurückzulehnen, die Augen zu schließen, Körper und Atemstrom bewusst zu spüren und deinem Gehirn, Körper und Herz eine winzige Verschnaufpause zu gönnen. Probiere es an einem anforderungsarmen Arbeitstag mehrmals im Abstand von ein bis zwei Stunden aus ... Erkunde, wie sich das auf deine Tätigkeit, deine Produktivität, deine Stimmung und dein Energielevel auswirkt. Experimentiere mit folgenden methodischen Alternativen, wenn du wenig Zeit hast.

Übungen 

Focusingorientierter Ganzkörperscan

Nimm dir einen kleinen Moment Zeit, um dich mit voller freundlicher Aufmerksamkeit dir und deinem Körper zuzuwenden. Spüre ganz bewusst deinen Körper als Ganzes ... Erkunde ihn wohlwollend, indem du ihn in aller Ruhe von den Füßen an aufwärts bis zum Kopf ganzkörperlich abscannst ... Spüre bewusst deinen Ein- und Ausatemstrom ... Gestatte deinem Körper Gewicht abzugeben und überflüssige Anspannung loszulassen ... Erkunde wohlwollend interessiert, was sich in dir bemerkbar macht und wie es sich anfühlt ... Du kannst dich fragen:

- Wie bin ich gerade da? ...
- Wie fühlt es sich im Augenblick in mir an? ...

Warte nach jeder Frage in Ruhe ab, welche Antwort von innen aufsteigt.

Focusingorientiertes Nichtstun genießen

Lehne dich einfach in deinem Bürostuhl oder deiner Sitzgelegenheit zurück. Vielleicht möchtest du die Lasten deines Körpers und auch die Lasten deiner Arbeit und vielleicht die deines ganzen Lebens an den Boden und den Sitz abgeben ... Schließe die Augen für einen Moment und erkunde, ob dein Kopf abgelegt werden möchte. Schenke deinem Körper deine ganze freundliche Aufmerksamkeit: Spüre deine Füße am Boden und deinen Körper auf der Unterlage. Erlaube ihm, sich wie von selbst zu bewegen und es sich gemütlich zu machen ... Lasse deinen Atem frei fließen ...

Vielleicht erleichtert es dich auch, ganz bewusst länger auszuatmen und deinem Kopf zu erlauben, leer zu werden ...

Wende dich jetzt wohlwollend und unvoreingenommen, ganz neugierig deinem inneren Erleben zu ... Sei wach und entspannt mit dem, was sich in dir bemerkbar macht. Lass dich überraschen, was auftaucht ... Heiße alles herzlich willkommen ... Alles darf da sein ... Dann kann dein reizüberflutetes Gehirn zur Ruhe kommen und du kannst vielleicht das Nichtstun und die Stille genießen.

Wenn wir geübt sind und nicht gestresst, reicht es völlig aus, die Beschäftigung für einen kurzen Moment zu unterbrechen, um einige Sekunden mit der freundlichen Aufmerksamkeit zum Körper zurückzukehren, mit dem inneren Erleben zu verweilen, aus dem Fenster oder »dumm aus der Wäsche zu schauen« und das Nichtstun zu genießen. So gönnen wir dem Gehirn eine Erholungspause, das Gelesene, Erlernte oder Produzierte kann »sacken« und wir können anschließend unsere Tätigkeit zentriert fortsetzen.

Was war für dich bei den konkreten Experimenten wohltuend und hilfreich?

____

____

____

____

____

Was hast du in dir entdeckt?

____

Erforsche, was sich mit den focusingorientierten Stopps verändert, wenn du anschließend eine Tätigkeit aufnimmst? Was bemerkst du genau – körperlich, gefühlsmäßig, stimmungsmäßig?

Wie wirken sich die focusingorientierten Stopps auf deine Präsenz, deine Tätigkeit, deinen Arbeitsfluss, deine Produktivität, deinen Stress- und Energielevel aus?

Manchmal sind wir in herausfordernden Situationen innerlich so unruhig, aufgewühlt oder geplagt vom Kopfkino, dass es uns nicht möglich ist, im Sitzen oder im Liegen zu uns zu kommen. Dann bieten sich unter anderem die Blitztankstellen Balancependeln (s. S. 139 f.) und die folgende Vitalisierungsspritze an.

Übung 

Vitalisierungsspritze (drei bis 90 Sekunden)

Ziele: Diese Übung ist hilfreich, um aus dem Kopf in den Körper zu gelangen, Müdigkeit, Antriebslosigkeit und aufgestaute Spannungen loszulassen und Energie zu tanken. Sie eignet sich sowohl nach einem anstrengenden Vormittag, einem Meeting oder nach dem Mittagessen, um wach zu werden und Energie zu schöpfen, als auch wenn du überdreht bist, unter Strom stehst oder an etwas festhältst. Durch dieses Bewegungsexperiment kannst du Stress abbauen, die Muskulatur lockern und den Blutdruck senken. Die Übung kann auch gemeinsam mit Kindern, Teilnehmenden an Seminaren, Workshops oder Meetings sowie mit Klientinnen und Klienten durchgeführt werden. Um die Wirkung der Blitztankstelle zu verstärken, ist es hilfreich, dir genau vorzustellen, was du aus deinem Körper schüttelst: Müdigkeit, Anstrengung, Stress, bestimmte Probleme, Sorgen oder Nöte. Oder du stellst dir vor, dass du gezielt die Energie in deinem Körper wieder zum Fließen bringst.

Ablauf: Stelle dich locker, Beine hüftbreit, aufrecht hin und bleibe leicht beweglich in den Knien, um die Wirbelsäule zu schonen. Deine Arme hängen locker neben dem Körper. Beginne nun sanft und unangestrengt aus den Knien heraus locker und ganz leicht deine Knie parallel auf und ab zu bewegen. Lass dich in deinen eigenen sanften Schüttelrhythmus hineinfallen. Lenke deine ganze Aufmerksamkeit zu deinen Knien und den kleinen Vibrationen, die von da aus durch den ganzen Körper gehen ... Hilfreich ist, deine Arme hängen zu lassen, den Mund leicht zu öffnen, deinen Atem frei fließen zu lassen und locker zu schwingen.

Wenn es dir gelingt, den Kopf ganz loszulassen, können die Vibrationen bis zum Kopf wandern und die Anspannungen in der gesamten Muskulatur bis zu den Schultern und zum Nacken lockern und ein gutes Stück lösen.

Experimentiere mit kleineren und größeren, mit sanften und stärkeren Bewegungen, die sich für dich stimmig und gut anfühlen. Lasse die Übung anschließend noch etwas nachklingen, spüre in Ruhe in dich hinein und erkunde, was sich möglicherweise in dir verändert hat – körperlich, muskulär, energetisch, stimmungsmäßig.

Was hast du bemerkt, was sich in dir körperlich, energetisch und stimmungsmäßig verändert hat?

____

____

____

____

____

Was hast du in dir entdeckt?

____

____

____

____

____

Frage nach innen: Wie bin ich gerade da? ... Wie fühlt es sich gerade in mir an? ... Spüre in deinen Körper hinein und warte in Ruhe ab, was für ein Wort oder Satz kommt.

____

____

____

____

____

In den nächsten Kapiteln zu den Signalen sowie zu »Stimmige Entscheidungen treffen« erlebst du, wie du in der Begegnung mit anderen Menschen zwischendurch mit »Pendeln« zu dir kommen und stimmige Impulse aus dem Körper erhalten kannst. Im Praxisübungsbuch erfährst du, wie du die Focusing-Instrumente achtsamer Selbstführung in Weiterbildung, Lehre, Gruppen, Therapie und Einzelsitzungen umsetzen kannst (s. auch Pilz-Kusch 2020, S. 191 ff. und 208 ff.).

Zweiter Schritt: Regie behalten – mit Kurz-FreiRaum-Techniken (in drei bis 90 Sekunden)

Um eine Antwort aus unserem Inneren zu erhalten, was jetzt für uns richtig und wirklich wichtig ist, benötigen wir FreiRaum. Das bedeutet, dass wir damit »Platz schaffen im inneren überfüllten Raum« (Gendlin 2004b) und uns nicht von Stress oder negativen Empfindungen wegtragen lassen. Mit FreiRaum-Techniken verschaffen wir uns auf eine einfache, wohltuende Art einen guten lebensbejahenden Abstand zu allem, was uns im Erleben zu dicht »auf die Pelle« rückt und zu beherrschen droht: seien es unbehagliche Gedanken, Emotionen, Körpersymptome oder Schmerzen, seien es Probleme, Sorgen und Nöte. Wir erweitern damit unsere Handlungsspielräume und setzen Energie frei.

Professor Dr. Eugene T. Gendlin, der Begründer des Focusing, betont: »Wenn wir mit den Problemen verschmelzen wie mit einem Denkmal, können wir sie nicht lösen.« FreiRaum ist nicht zu verwechseln mit der automatisierten unbewussten Stressreaktion, mit der wir Unangenehmes bekämpfen, verdrängen oder uns ablenken. Beim FreiRaum geht es darum, bewusst und ganz gezielt einen Abstand zu schaffen zu belastenden Themen, Gedanken und Empfindungen, um wieder Frau oder Herr der Situation zu werden. Dann können wir zum Zeitpunkt unserer Wahl die Probleme im Vollbesitz unserer Kräfte leichter und kreativer lösen. So behalten wir das Steuer in der Hand und lassen uns nicht von Anforderungen, Druck, negativen Gedanken oder Emotionen steuern. Mit Kurz-FreiRaum-Techniken können wir manchmal in nur drei bis 90 Sekunden wieder zu einer guten Energie und unserer vollen Leistungsfähigkeit zurückkehren.

Mit verschiedenen Kurz-Freiraum-Techniken in konkreten Alltagssituationen experimentieren

Du hast erfreulicherweise eine Fülle von Möglichkeiten, schon in wenigen Sekunden für FreiRaum zu sorgen. In diesem Logbuch lernst du mehr als zehn Methoden in diesem und den nächsten beiden Kapiteln kennen. Neben der »Entlastungsatmung« aus dem ersten Teil (s. S. 21 ff.) haben sich in meinen Fortbildungen und Coachings vor allem das »Stress abschütteln«, »Belastendes lustvoll ausleben«, das Partialisieren und die eine Frage mit der besonderen Wirkkraft als alltagtaugliche erfolgversprechende Kurz-FreiRaum-Techniken herauskristallisiert.

Sobald sich bei deiner Lektüre und in deinen konkreten Alltagssituationen ein Unwohlsein, etwas körperlich, mental oder emotional Unangenehmes wie Gedankenkreisen, Stress oder Schmerzen davon abhält, ganz da zu sein und dich wohlzufühlen, probiere spielerisch eine der folgenden Kurz-FreiRaum-Varianten aus. Sie können dir dazu verhelfen, etwas »Luft« und Abstand zum Unbehaglichen zu schaffen, innerlich etwas freier und weiter zu werden und in einer besseren Stimmung deinen Tag bewusst zu gestalten.

Gestatte dir auch, dass das ein oder andere Experiment beim ersten Mal noch nicht so gut »fruchtet«.

Übungen 

Kurz-FreiRaum-Technik: Stress und Belastendes abschütteln

Ziele: Wenn du stressgeladen, wütend oder aufgewühlt bist, dich belastende Gedanken und Gefühle plagen oder du dich müde, energie- und lustlos fühlst, kann diese kurze und befreiende Übung für dich passend sein. Die angespannte Muskulatur wird gelockert, Stress abgebaut und der Blutdruck gesenkt. Energie wird freigesetzt und du bekommst wieder Zugang zu allen deinen Kräften.

Ablauf: Stelle dich möglichst entspannt und stabil hin, mit leicht gebeugten Knien. Schüttle nun locker und unangestrengt deine im Körper aufgestaute negative Energie, die belastenden Gedanken und Gefühle und alles, was dich stresst, heraus aus deinem Körper, um Abstand zu gewinnen.

Du kannst dabei das Unbehagliche mit den Händen abschütteln, es mit Armbewegungen oder in der Vorstellung durch das Fenster »hinausschicken«. Mache Bewegungen mit Armen und Beinen, die dir guttun und Spaß machen, ohne dich anzustrengen. Überlasse die Regie deinem Körper ... Lasse den Atem fließen, am besten mit leicht geöffnetem Mund ... Bleib locker in den Knien ... Schüttle Hände, Arme und Beine aus, so wie es sich für dich gut anfühlt.

Noch wirkungsvoller ist es, wenn du den Verstand beschäftigst und dir genau vorstellst und innerlich sagst, was du konkret aus dem Körper herausschütteln und auf Abstand bringen möchtest. Ändere die Sätze für dich so ab, wie es in der jeweiligen Situation für dich stimmig ist ...

Vielleicht möchte dein Körper lieber hüpfen. Folge den Impulsen deines Körpers ...

Nimm dir zum Abschluss noch etwas Zeit zum Nachklingen ... Vielleicht magst du die Augen einen Moment schließen und in der wohlwollend-freundlichen, erkundenden Focusing-Haltung in deinen Körper hineinspüren, wie es sich jetzt in dir anfühlt und was sich vielleicht in dir verändert hat ...

Du findest dazu Anleitungen auch in meinen Hörbuch-Downloads und im Kartenset (Pilz-Kusch 2017a, Track 8; MP3 2017b, Track 15; 2017c, Impulskarte 40).

Was bemerkst du jetzt in deinem Körper – Körperempfindungen, Gefühle, Energielevel, Stimmung ...?

____

____

____

____

____

Wie fühlt es sich jetzt in dir an? Wie bist du jetzt da?

____

____

____

____

Kurz-FreiRaum-Technik: Belastendes spielerisch lustvoll ausleben – sehr befreiend

Ziele: Wenn dich etwas ärgert, aufregt, sehr stresst oder dich wütend macht und starke Emotionen dich zu beherrschen drohen, kann diese FreiRaum-Technik dir innerhalb weniger Minuten eine Entlastung und Befreiung verschaffen. Du baust Stresshormone und negative Empfindungen ab. Du gewinnst Abstand und bist wieder im Vollbesitz deiner Fähigkeiten. Diese Übungsvariante ermöglicht einen gesunden Umgang mit starken Emotionen, da wir so spielerisch leicht unbehagliche Gefühle zulassen und ausleben dürfen.

Was mich an der Clownerie so fasziniert, ist die Möglichkeit, als Clownin und Clown alle Gefühle ausdrucksstark zeigen und all das machen zu dürfen, was wir uns im ganz normalen Erwachsenenalltag verbieten: Jammern, Zetern, Wüten, Angst, Schwäche, Hilflosigkeit und Verzweiflung zeigen. Wenn wir diese heftigen Gefühle unter Einsatz von Körpersprache übertreiben, sie ungehemmt und genussvoll ausdrücken, so wie Kinder das machen, tut das unserer Seele und der Gesundheit gut. Es macht ungeheuer Spaß, wirkt befreiend, setzt enorm viel Energie frei und die unbehaglichen Gefühle verschwinden erstaunlich rasch.

Probiere es aus, wie du im Nu wieder Zugang zu allen deinen Stärken findest. Ich lade dich ein zum Experimentieren, um deine ganz individuelle Art zu finden, wie du deine unbehaglichen Emotionen auf eine humorvolle, pantomimische oder clowneske Art umwandeln kannst.

Ablauf: Wenn du unbeobachtet bist, kannst du dich wirkungsvoll entlasten und dir Luft, FreiRaum und Lust verschaffen, indem du die Bewegungen von Selbstverteidigern spielerisch imitierst, deine unangenehmen Emotionen lustvoll übertreibst oder humorvoll clownesk mit ausgeprägter Mimik und kräftigen, ausladenden und theatralischen Bewegungen pantomimisch genussvoll auslebst. Du kannst auch mit beiden Händen und einem Bein die Belastungen schwungvoll und mit Humor wegschieben, so wie es körperlich guttut und dir Freude und Spaß bereitet. Es erleichtert zudem außerordentlich, wenn du dabei kräftig ausatmest, zum Beispiel mit einem Ton wie »pfff«. Stelle dir außerdem genau vor, welche Belastungen und Probleme du mit den Händen wegschiebst oder mit den Füßen genussvoll wegtrittst und sie so bewusst aus dem Körper und auf Abstand bringst.

Auf diese Weise wird dein innerer Raum auf eine leichte und angenehme Art frei von belastenden Gefühlen, Gedanken und Situationen. Experimentiere so lange mit geschmeidigen und spaßmachenden Bewegungen, bis du dich körperlich und emotional »ausgetobt« hast und gut fühlst ...

Diese Übung kannst du auch mit Kindern, in Coachings, in der Therapie, in Seminaren und Gruppen anwenden. Du wirst erleben, wie dies dir und den Kindern, Klientinnen und Klienten oder Teilnehmenden viel Spaß und Freude bereitet und rasch zu Erfolgserlebnissen führt.

Kurz-FreiRaum-Technik: Frei werden mit Partialisieren – du bist mehr als deine Probleme

Ziele: Hast du schon einmal bemerkt, wie viel Kraft und Zeit es dir raubt, wenn du lästige, »begrenzt reizvolle« Gefühle wie Erschöpfung, Wut oder negative Gedanken unterdrückst oder bekämpfst? Lenkst du dich dann mit Aktivitäten oder Gesprächen ab, wenn du dich ärgerst, ängstigt, stresst oder über etwas aufregst? Paradoxerweise verschwinden diese Gefühle schneller, je mehr du allen Empfindungen in dir erlaubst, da zu sein. Mit dieser Übung kann es gelingen, frei zu werden von unangenehmen Empfindungen und gelassen mit negativen Gefühlen, Schicksalsschlägen und Dingen umzugehen, die wir nicht verändern können.

Partialisieren hilft, dich in eine bewusste Beobachterposition und unbehagliche starke Empfindungen auf Abstand zu bringen. So entziehst du ihnen die Macht und Herrschaft über dich. Du kannst damit unprofessionelles Kurzschlussverhalten vermeiden. Du machst dir bewusst, dass du viel mehr bist als die vorüberziehenden Gedanken, Gefühle und Empfindungen. Unangenehme belastende Gedanken und Gefühle verändern sich meist sehr rasch, wenn du ihnen gestattest da zu sein, ebenso wie den Teilen in dir, die sie weghaben wollen.

Partialisieren ist also eine wirksame Methode, um unangenehme Gedanken, Gefühle und Empfindungen umzuwandeln und besonnen in angespannten Situationen handeln zu können.

In meiner Praxis hat sich die FreiRaum-Technik des Partialisierens in Kombination mit dem Focusing-Schlüssel »Allem erlauben, da zu sein« neben der Entlastungsatmung als einfachstes und äußerst wirksames Instrument erwiesen. Es beansprucht kaum Zeit und kann in allen beruflichen und privaten Situationen angewandt werden, beispielsweise am Schreibtisch, in einem Beratungsgespräch, einem Meeting, einem Vortrag oder einer Fortbildung oder wenn du dich schlaflos im Bett von einer zur anderen Seite wälzt.

Ablauf: Sobald du bemerkst, dass dich bedrückende Gedanken, Körperempfindungen oder Gefühle zu überfluten drohen und dich daran hindern, klar zu denken und zu handeln, kannst du dir sagen: »Aha, da ist jetzt etwas Unangenehmes (Negatives) in mir. Ein Teil in mir fühlt etwas Unbehagliches« Oder: »Aha, etwas in mir ist ärgerlich oder gereizt.« Oder: »**Ein Teil** in mir ist ungehalten oder genervt.«

Indem du den quälenden Gedanken(strom), das lästige Gefühl oder die Katastrophenfantasie zu einem Teil oder zu »etwas« machst, bringst du dich in eine bewusste Beobachterposition.

Mache dir bewusst: »**Ich bin viel mehr** als der Ärger, das Genervtsein oder Ungehaltensein«. Frage dich: »Kann ich diesem Teil in mir erlauben, da zu sein?« Frage nach innen, so als ob du einem konkreten Mitmenschen eine Frage stellen würdest ... Warte in Ruhe ab, was dein Inneres antwortet ...

Meist meldet sich ein Teil, der den Ärger oder das Genervtsein weghaben möchte. »Aha, da ist etwas, das das nicht haben will. Kann ich diesem Teil auch gestatten, da zu sein?« ... Warte wieder einen Moment in Ruhe ab. Vielleicht kannst du schon etwas aufatmen, wenn der Teil da sein darf, der das Unbehagliche »weghaben« möchte.

So verschaffst du dir Freiraum und inneren Frieden und wirst dir bewusst, dass du mehr bist als auftauchende Empfindungen. Du lässt dich nicht zu unbeherrschtem Verhalten »hinreißen«. Das macht das Leben ungemein leichter und lebensfroher.

Häufig machen sich auch noch andere Teile bemerkbar wie Traurigkeit oder ein Teil, der sich nach etwas sehnt oder sich etwas anderes wünscht. Frage dein Inneres dann: »Kann ich dem Traurigen, kann ich dem Wunsch nach ... erlauben, da zu sein?« ... Achte darauf, was sich in dir verändert, wenn deine leidenden und bedürftigen Teile da sein dürfen ...

Manchmal kann es hilfreich sein, dem unliebsamen Teil in sich mit neugierigen, »warmen« Augen interessiert, mitfühlend und verständnisvoll Zuwendung zu schenken ... Erkunde, ob sich dein inneres Erleben dann verändert ... Du kannst den bedürftigen Teil in dir auch fragen: »Was brauchst du? ... Was wünschst du dir?« Warte jeweils in Ruhe ab, ob und was sich aus deinem Inneren zeigt.

Klopf dir innerlich auf die Schulter, wenn du feine Signale registriert hast ... Sobald du wieder aufatmen kannst, kannst du in einem weiteren Schritt dein **inneres Navi fragen**: »Was könnte hilfreich sein, um wieder in eine gute Energie zu kommen?«

Warte wieder in der Focusing-Haltung in Ruhe ab, ob und was für eine »Antwort« aufsteigt.

Begrüße, was immer sich meldet ... Du kannst dich wieder bei deinem Inneren bedanken, wenn du eine Erkenntnis oder einen klaren Impuls erhalten hast ...

Damit du dir besser vorstellen kannst, wie das geht, erzähle ich dir ein konkretes Beispiel.

Beispiel 

Was stimmte nicht beim Wandern und was half?

Während des Wanderns bemerkte ich irgendwann, dass irgendetwas nicht stimmte. Etwas in mir fühlte sich unbehaglich an. Womit hatte das zu tun? Ich verweilte eine kurze Zeit mit dem unangenehmen Etwas in der erkundenden Focusing-Haltung und fand nach und nach heraus, dass der Gegenwind den Weg beschwerlich machte. Mir wurde kalt und ich spürte eine Müdigkeit in mir aufsteigen. Es wurde mir zu viel.

Was half? Ich registrierte die verschiedenen Gefühle und Gedanken in mir. Ich partialisierte sie nacheinander und machte sie zu einem Teil: »Aha, da ist etwas Müdes in mir.« Ich fragte mich: »Kann ich dem erlauben, da zu sein?« ... Es kam ein Impuls: »Nein, ein Teil hat keinen Bock darauf.« Ich fragte mich: »Darf dieser Teil auch da sein?« ... Ja, der durfte gern da sein ... Dann bemerkte ich, dass mir alles zu viel wurde. Ich sagte mir: »Aha, einem Teil – einem großen Teil in mir – ist alles zu viel.« »Darf dieser Teil ebenfalls da sein?« ... Ja, der durfte da sein.

Als ich Klarheit hatte, was in mir die unangenehmen Gefühle ausgelöst hatte und ich mir gestattete, allen unangenehmen Empfindungen in mir da zu sein, tauchte ein aktiver Teil in mir auf, der sich umschaute nach einem windgeschützteren Weg. Gleichzeitig machte sich das Bedürfnis nach einer Pause bemerkbar und ich hielt Ausschau nach einer windgeschützten Stelle, um mich dort ein wenig auszuruhen.

Schon ging es mir deutlich besser. Ich war hochmotiviert, einen angenehmen Pausenplatz zu finden. Ich wurde fündig. Meine Stimmung hellte sich zunehmend auf, als ich aus dem »Aushalten«-Modus ausstieg, meine unbehaglichen Gefühle ernst genommen, mich gekümmert und erkundet habe, was ich in der Hand hatte, zum Positiven zu verändern und das umgesetzt habe.

Weitere FreiRaum-Techniken findest du in den nächsten beiden Kapiteln zu »Signalen« und »Kraft- und Ruheinseln«.

Dritter Schritt: Antworten in sich finden, die passen und voranbringen – Körperintelligenz und Intuition gezielt »anzapfen«

Gelingt es dir, regelmäßig immer wieder zu dir zu kommen, deinen Körper zu spüren und – falls erforderlich – für FreiRaum zu sorgen, hast du unmittelbar Zugang zu deiner inneren Stimme. Du findest Orientierung und Klarheit, wo es für dich langgeht und welcher Schritt an der Reihe ist – in erstaunlich wenig Zeit.

Statt dir stundenlang den Kopf zu zerbrechen, die Situation zu analysieren, dich mit »Warum-Fragen« zu quälen, Pro- und Kontralisten zu erstellen oder in die üblichen Stressmuster und Aktionismus zu verfallen, kannst du dir selbst mit Speed-Focusing direkt in konkreten Situationen helfen.

Wichtig 

Der Körper kennt den nächsten Schritt

Im Rahmen seiner Forschungsstudien hat Gendlin herausgefunden, dass unser hochintelligenter Körper nicht nur weiß, wie unsere Probleme gelöst werden können, sondern auch, was und wie gelebt werden möchte. Unser Körper kennt erstaunlicherweise den nächsten für uns stimmigen Schritt. Der Felt Sense – die innere körperliche Resonanz auf ein Thema, eine Situation oder eine Frage – enthält verblüffenderweise sowohl das körperliche Wissen darüber, was nicht stimmt, als auch darüber, wie es richtig wäre.

Sieben Möglichkeiten, stimmige Antworten in sich zu finden

In diesem Logbuch bist du eingeladen, mit sieben methodischen Möglichkeiten zu experimentieren, wie du in verschiedenen Konstellationen stimmige Erkenntnisse, Handlungsimpulse, Lösungen und Entscheidungen aus deinem innere Navi erhalten kannst. Im ersten Teil hast du bereits vier dieser Techniken ausprobieren können. Erinnerst du dich daran, wie du die Situation des Entscheidungsprozesses beim Buchkauf, beim Finden eines stimmigen Sitzplatzes, einer passenden Speise im Restaurant und des Erlebensprozesses sowie der Ergebnisse beim Selbsttest auf dich hast eine ganze Weile wirken lassen, um stimmige »Antworten« zu bekommen? Du hast eine zweite Möglichkeit bei der Erforschung stimmiger Ziele ausprobiert, indem du deinem Körper konkrete Fragen gestellt hast. Eine dritte Möglichkeit ist es, eine Frage oder eine unklare Situation gezielt weiter in sich »bewegen« zu lassen und dabei routinierte Tätigkeiten auszuüben wie Spazierengehen oder Spülen, also Aktivitäten, die Gehirn, Körper und Herz wenig beanspruchen. Alternativ kannst du die Frage oder das Ungeklärte weiter in dir »arbeiten« lassen, falls die Erkenntnis, die Lösung oder Entscheidung noch nicht »reif« ist. Schließlich kannst du in der Focusing-Haltung spielerisch bei deinen Tätigkeiten wie beispielsweise bei

Körperbewegungen, beim Tanzen und allen anderen Aktivitäten ausprobieren, was und wie es stimmig sein könnte und dabei in deinen Körper hineinspüren, um deine innere Resonanz zu erkennen. In den folgenden Kapiteln kannst du mit weiteren Speed-Focusing-Varianten in deinem Alltag »spielen«: um die Signale deines inneren Navis »lesen« zu lernen, dem inneren Fluss und den inneren Impulsen deines inneren Navis zu folgen sowie die sieben verschiedenen Arten auszuprobieren, wie du stimmige Entscheidungen treffen kannst.

Tipp: Je mehr es dir gelingt, deiner Experimentier- und Entdeckerfreude dabei Raum zu geben, umso größer werden deine Erfolgserlebnisse sein.

Info 

Wann kannst du Speed-Focusing anwenden?

Du kannst Speed-Focusing-Übungen jederzeit anwenden:

- zu Beginn der Arbeit, während der Arbeit, in der Pause, nach der Arbeit
- vor, in, nach Therapien, Beratungen, Coachings, Meetings, Begegnungen, Gesprächen, Seminaren und Veranstaltungen
- bei Störungen, Druck, Stress, in herausfordernden Situationen, in Krisen
- um deine stimmige Balance aufzuspüren
- um stimmige Lösungen zu finden und um stimmige Entscheidungen und Prioritäten zu treffen
- um persönlich zu wachsen – beruflich oder privat, um den eigenen Weg, das eigene »Ding« zu finden, was leben möchte

Starte zunächst am besten mit dem grundlegenden Speed-Focusing-Check, um dich zu üben, mitten im vollen Alltag rasch zu dir zu kommen, deine Gesamtbefindlichkeit zu »checken« und herauszufinden, was in diesem Moment nach Aufmerksamkeit verlangt sowie »richtig« und wirklich wichtig ist.

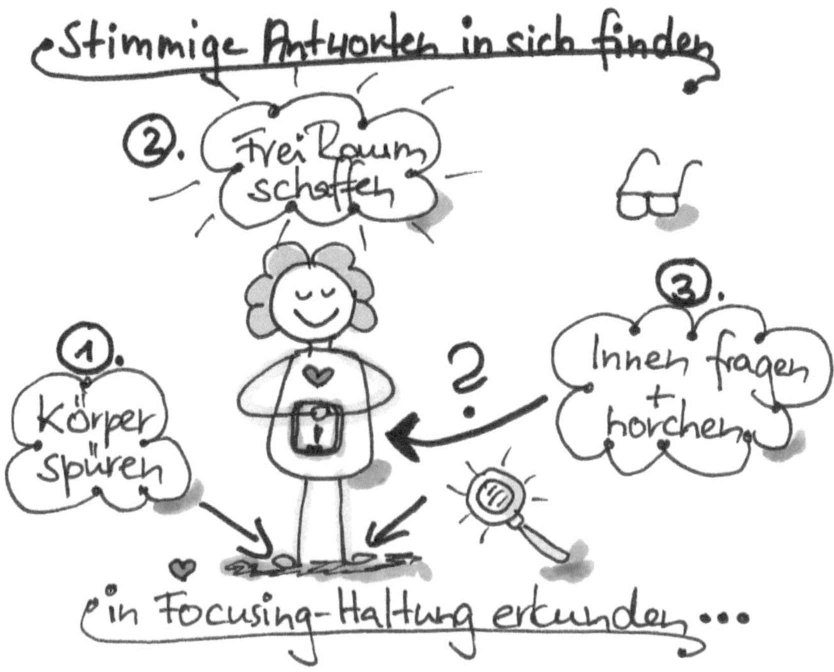

Wichtig 

Was ist zu beachten, wenn du stimmige Antworten finden möchtest

Je konkreter die Situation ist, zu der du Klarheit bekommen möchtest, je konkreter du deine Frage stellst, desto leichter gelingt es dir, einen Felt Sense und eine »Antwort« aus dem inneren Navi zu erhalten. Achte bitte darauf, dass du in Kontakt zu deinem Thema bist und deine ganze freundlich-interessierte Aufmerksamkeit in der Focusing-Haltung nach innen richtest: Spüre wohlwollend und unvoreingenommen – ohne Erwartungsdruck – in dich hinein, wie sich die innere Resonanz (der Felt Sense) zu deiner Frage oder zum Unklaren der ganzen Situation in deinem Körper anfühlt. Öffne dich dem Nichtwissen. Lasse dir Zeit.

Im Anhang findest du einen Überblick über die sieben Möglichkeiten, stimmige Antworten in dir zu finden.

Wozu kannst du gezielt eine Antwort aus dem Körper erwirken

Du kannst gezielt eine innere körperliche Resonanz, einen Felt Sense zu allem herbeiführen, was mit deinem Leben zu tun hat. Das kann ein Thema, ein Problem, eine Frage, eine unklare (Entscheidungs-)Situation, eine Person, eine Erkrankung, ein Körpersymptom oder ein Erlebensinhalt wie Angst, Ärger, Unzufriedenheit, Unwohlsein sein. Auch zu deiner Arbeits- oder Lebenssituation als Ganzes, zu einer konkreten Beziehung oder zu deinem Leben insgesamt kannst du eine innere körperliche Resonanz entstehen lassen, um herauszufinden, was so bleiben kann und was genau verändert werden möchte.

Du spürst im Körperinneren die implizite, die »eingefaltete« Bedeutung eines Themas, eines Problems oder einer Situation, die du in Augenschein nimmst und die etwas Unklares für dich enthält, das du gern verstehen möchtest, die Antwort auf eine Frage sowie den nächsten, für dich richtigen Handlungsschritt. Zum Beispiel wenn du dich mit jemanden unterhältst, der dir etwas erzählt, was dich irritiert, oder wenn deine Chefin über geplante Umstrukturierungen berichtet und du ein Grummeln im Bauch, etwas Enges im Brustraum oder etwas Unbehagliches in dir spürst, was dich verwirrt. Du hast den Eindruck, dass das nicht die ganze Wahrheit ist. Wenn du bei dir bist und FreiRaum hast, stelle deinem innere Navi eine konkrete Frage, wie zum Beispiel: »Was genau ist es, was mich verwirrt?« Oder: »Womit hat das zu tun?«

Beispiel 

Wie es mich »zufällig« zu Focusing hinzog – dem inneren Gespür folgen

2005 habe ich einen Newsletter überflogen und bin an einem Artikel über einen Focusing-Bildungsurlaub »hängen geblieben«. Irgendetwas fesselte meine Aufmerksamkeit. Ich spürte ein Kribbeln im Bauchraum, das mich hellhörig und hellwach werden ließ. Ich wusste nicht genau, womit das zu tun hatte. Ich folgte meinem inneren Impuls zum Link des Focusing-Bildungsurlaubs und recherchierte fasziniert weiter über Focusing, da mich irgendetwas ansprach …

Ich meldete mich zu einem Focusing-Einführungs-Workshop in Koblenz an und anschließend zur Focusing-Ausbildung. Irgendetwas energetisierte mich. Ich spürte klar, dass Focusing für mich genau das Richtige war, obschon ich nicht wusste weshalb. Indem ich meinem inneren Gespür gefolgt bin, habe ich mit Focusing aus meiner damaligen Krise heraus- und nach und nach zu meiner Berufung gefunden.

Der Felt Sense – das innere Gespür

Wenn du deine Aufmerksamkeit nach innen richtest, in die Körpermitte, kannst du im Körperinneren, meist im Brust-Bauch-Raum, dieses vage, unklare körperliche Gespür bemerken, das mit irgendetwas aus deinem Leben zu tun hat. Wenn du nicht genau weißt, was das bedeutet, frage deinen Körper: »Womit hat das in meinem Leben zu tun?« Warte dann in der Focusing-Haltung etwa 60 Sekunden, bis dein Inneres »antwortet«. Erinnerst du dich? Der Felt Sense ist meist unscheinbar, diffus und eher »leise« und kann auch unbehaglich sein und ist noch nicht in Worten zu fassen. Er verganzheitlicht alles, was mit deinem Thema, einer Person oder der Situation zu tun hat, die du »unter die Lupe« nimmst. Er enthält sowohl das, was nicht stimmt, als auch das, wie es für dich stimmig wäre sowie den nächsten, für dich richtigen Schritt.

Probiere zunächst in einer kleinen, für dich leichten Situation aus, deinem Inneren eine konkrete Frage zu stellen.

Übung 

Mit dem Speed-Focusing-Check zum nächsten Schritt – Mini-Check-up zur aktuellen Situation und was »es« braucht

Ziele und Nutzen: Diese grundlegende Speed-Focusing-Basisübung hilft beim bewussten Start in den Arbeitstag, in neue Projekte sowie mitten im vollen, oft hektischen Alltag, um aus dem »Erledigenmodus« auszusteigen und dich mit dir und deinem inneren Navi zu verbinden. So kannst du seine richtungsweisenden Signale erkennen und dich auf das wirklich Wichtige konzentrieren. Du gönnst deinem oft angespannten Körper und vor allem deinem pausenlos arbeitenden Gehirn eine winzige Erholungspause. Du kannst Anspannungen lösen und gegebenenfalls den Stresspegel frühzeitig senken. Wenn du diese Übung regelmäßig ein paar Mal am Tag durchführst, kannst du auf einer tieferen Ebene in erstaunlich kurzer Zeit herausfinden, was gerade in deinem Inneren passiert und was jetzt nötig und wichtig ist. Denn in dem, wie du gerade ganzkörperlich da bist, ist der nächste voranbringende Schritt meist schon enthalten und spielerisch leicht abrufbar, bevor größere Probleme auftreten. So kannst du dein inneres Navi mit dem Mini-Ganzkörper-Check zwischendurch immer wieder unaufwendig fein justieren, um dich auf das wirklich Wesentliche auszurichten. Diese Übung ist am besten im Sitzen und im Stehen durchführbar.

Ablauf: Finde eine bequeme und entspannte Position. Du kannst dich beispielsweise in deinem (Büro-)Stuhl zurücklehnen oder dich locker hinstellen.

Schließe die Augen, senke den Blick oder schaue defokussiert in die Weite, je nachdem, was jeweils für dich möglich ist und sich stimmig anfühlt ... Schenke zunächst deinem Körper deine volle wohlwollend-freundliche Aufmerksamkeit und nimm einfach nur neugierig-interessiert wahr, was sich von ihm bemerkbar macht ... Lasse deinen Atemstrom fließen ... Du kannst deinen Körper in der Focusing-Haltung in aller Ruhe von den Füßen an aufwärts abscannen ... Lasse dich überraschen, was du entdeckst.

Erlaube deinem Körper überflüssige Anspannung gehen zu lassen ... Vielleicht möchten auch Anspannungen, belastende Gedanken und Gefühle ab- oder ausgeschüttelt oder ausgeatmet werden, falls dich niemand stört, um ganz bewusst für FreiRaum zu sorgen ... Atme gut aus ... Lasse dir ein paar Atemzüge Zeit, in deinem Inneren anzukommen ... Erforsche in Ruhe dein inneres Erleben ... Lasse dir Zeit ... Was taucht in dir auf – körperlich, gedanklich, gefühlsmäßig und stimmungsmäßig? ...

Heiße alles herzlich willkommen, was immer in dir ist … Versuche, auch unliebsamen Teilen wie Gedankenkreisen, Sorgen oder Nöten in dir zu gestatten, da zu sein … Dann kannst du nach Innen fragen: »Wie bin ich da? … Wie fühlt es sich gerade in mir an?« Lasse die Fragen eine Weile in dir fallen und wirken … Warte in Ruhe ab und lass dich überraschen, was in dir auftaucht … Gestatte dir auch, dass nichts kommt …

Sobald du herausgefunden hast, wie du gerade da bist und ein Wort wie zum Beispiel müde, aufgewühlt oder ein ganzer Satz wie »Es fühlt sich an wie drei Tage Regenwetter« kommt, lasse zunächst eine oder zwei der folgenden Fragen in dir fallen und eine Weile wirken: »Was braucht es jetzt?« … Oder: »Was ist jetzt nötig?« … Oder: »Was könnte jetzt hilfreich sein?« … Oder: »Was ist jetzt wirklich wichtig und richtig?« … Oder: »Was könnte ein guter nächster Schritt sein?«

Probiere die konkrete Frage aus, die zu deiner jeweiligen Situation passt … Lasse deinem Inneren etwas Zeit … Der Verstand ist meist schnell mit einer bekannten Antwort. Das Innere benötigt bis zu 60 Sekunden, manchmal auch länger … und seine Impulse sind oft überraschend anders als wir denken.

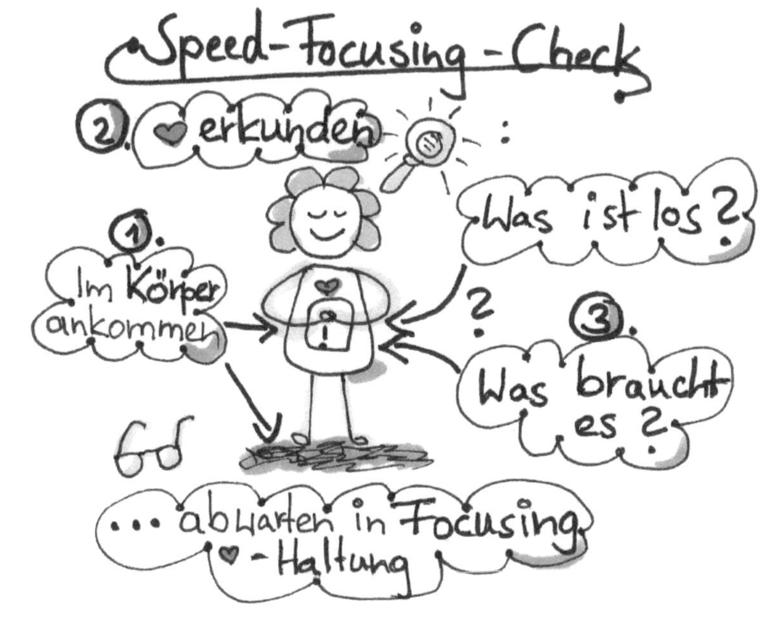

Notiere nun deine Ergebnisse.

Was hat sich in dir bemerkbar gemacht?

Was hast du entdeckt, wie du gerade da bist?

Wie fühlt es sich gerade in dir an?

Was braucht es jetzt?

____

____

____

____

Was ist jetzt nötig oder könnte hilfreich sein?

____

____

____

____

Was ist jetzt wirklich wichtig und fühlt sich richtig für dich an?

____

____

____

____

____

Wiederhole den Speed-Focusing-Check mehrfach. Erkunde, wie du dich zunehmend feiner und tiefer wahrnehmen lernst und es dir schneller gelingt, eine Antwort oder einen Impuls aus deinem Inneren zu erhalten, was jetzt für dich »richtig« ist.

Verzweifle nicht, falls es nicht klappt. Dann wirst du mehrere alternative Herangehensweisen in den nächsten Kapiteln erleben.

Die Signale des inneren Navis erkennen und entschlüsseln

Die Signale unseres inneren Navis sind nicht unsere Feinde, auch wenn sie sich unangenehm anfühlen. Im Gegenteil: Sie sind unsere Freunde, die uns dabei helfen, den leichtesten, für uns stimmigen Weg und den nächsten Schritt zu finden, um in Übereinstimmung mit unserem Inneren zu handeln, zu arbeiten und zu entscheiden. Sie machen uns frühzeitig darauf aufmerksam, dass etwas zum Positiven verändert und lebendig werden möchte: Sei es, dass wir eine Pause benötigen, uns in Details, in Emotionen oder Stress verlieren, uns im Kreis drehen und eine Kurskorrektur, ein Richtungswechsel oder eine Neuausrichtung angesagt ist. Ohne unseren Körper würden wir oft gar nicht bemerken, dass wir uns zu sehr anstrengen oder auf eine Sackgasse zusteuern. Unser Organismus signalisiert klar, ob das, was wir tun, wie wir etwas tun und mit uns umgehen, mit unserem Inneren übereinstimmt oder nicht. Signale wie Erschöpfung oder Unzufriedenheit versuchen uns vor dem Auspowern, vor Stress und Unglück zu schützen. Unsere Körperintelligenz zeigt uns auch die für uns richtige Spur und die richtige Abbiegung an der nächsten Kreuzung, die uns Freude und Glück bringt und sich gut anfühlt.

Die Geschenke erkennen, die in den Signalen »verpackt« sind

Die Hinweise unseres inneren Navis haben immer eine lebensförderliche, das Leben voranbringende Botschaft, selbst wenn wir sie als unbehaglich empfinden. Sie enthalten immer Geschenke, die darauf warten, dass wir sie auspacken, um uns aufzuwecken, mehr Stimmigkeit und Lebensfreude in unser Leben zu bringen und vor allem, um persönlich zu wachsen und aufzublühen.

Die inneren Wegweiser machen sich zunächst sanft und leise bemerkbar in Form eines inneren körperlichen Gespürs (Felt Sense), bevor sie uns mit heftigeren unangenehmen (Stress-) und Körpersymptomen bis zu ernsthaften Erkrankungen ausbremsen, wenn wir das zarte »Anklopfen« unseres Organismus ignorieren oder bekämpfen, statt tiefer hinzuschauen, was leben und sich in unserem Leben entfalten möchte. Der sogenannte Felt Sense, das eher vage innere körperliche Gespür, enthält erfreulicherweise sowohl das, was nicht stimmt, als auch das, was es genau braucht, um wieder zu stimmen.

Wichtig 

»Jedes schmerzende Gefühl ist eine potenzielle Energie, die nach einer besseren Lebensweise strebt, wenn man ihr nur Gelegenheit gibt, sich zu entfalten. Die bloße Existenz negativer Gefühle in Ihnen ist ein Zeichen dafür, dass Ihr Körper weiß, was richtig und falsch ist« (Gendlin 2004a, S. 98).

Beispiel 

Wie Leidensdruck mich zu persönlichem Wachstum gebracht hat

Mein Ausgebranntsein, meine Erschöpfung, meine Kraftlosigkeit und Antriebslosigkeit nach zwei Jahren Selbstständigkeit sowie mein Schmerz, dass es beruflich nicht so lief, wie ich es mir vorstellte, haben mich dazu gebracht, tiefer hinzuschauen. Ich wollte wissen, was verändert werden möchte. So ließ ich mich coachen. Ich recherchierte im Internet, suchte im lebendigen Leben und auf Reisen danach, was mich ansprach, wo es mich hinzog. So bin ich auch auf Focusing gestoßen, das mir ermöglicht hat, neue Schritte zu wagen, die mich reizten und gleichzeitig ängstigten. Das hat mir aufgezeigt, dass mein Körper weiß, was für mich richtig ist. Mein Leidensdruck hat mich zu Focusing, zu mehr Stimmigkeit und meiner persönlichen und beruflichen Weiterentwicklung gebracht.

Woran du deine inneren Wegweiser erkennst

Die gute Nachricht ist, dass wir unsere inneren Wegweiser nicht nur bemerken können, wenn wir innehalten, sondern auch während wir beschäftigt sind: bei der Arbeit, bei Veranstaltungen, in Meetings, Gesprächen und Begegnungen. Allerdings erfordert das, dass wir immer wieder mit freundlich-erkundender Aufmerksamkeit zu uns und unserem Körper zurückkehren.

Erinnerst du dich an dein Gefühl von Stimmigkeit beim Erkundungsexperiment im ersten Teil?

Du kannst es daran erkennen, dass du dich gut, lebendig, im Fluss, in einer guten Energie und im Einklang mit dir selbst fühlst. Deine Arbeit oder Tätigkeit geht dir leicht von der Hand. Du erfasst, was »Deins« beziehungsweise »dein Ding« ist, indem du beispielsweise bei einer Tätigkeit, im Gespräch, auf einer Fortbildung oder bei der

Internetrecherche aufhorchst und von etwas berührt, begeistert oder energetisiert bist, was dein Herz höher schlagen lässt, was dich wach und hellhörig macht, dich erfreut, fasziniert und aufhorchen lässt. Wenn dich etwas anspricht, es dich zu einem Ort, einer Tätigkeit oder einer Person hinzieht, die das verkörpert, wonach du dich möglicherweise sehnst.

Woran du bemerkst, ob etwas stimmt oder verändert werden möchte

Wenn wir uns etwas in den Kopf gesetzt haben oder glauben, etwas tun zu müssen, neigen wir oft dazu, die »Dinge« übers Knie zu brechen. Wir quälen uns dann durch und ignorieren, was unser Körper und unser Inneres uns signalisiert. Sei es, dass unsere Energie sinkt, wir müde werden und eine Pause benötigen, sei es, dass wir gestresst sind, uns verzetteln oder im Kreis drehen. Unsere inneren Wegweiser machen sich nicht nur körperlich bemerkbar. Sobald etwas verändert werden möchte, breiten sich unangenehme, eher negative, verurteilende Gedanken und Gefühle wie Ungehaltensein und eine schlechte Stimmung in uns aus. Spüren wir ins uns hinein, fühlt es sich ungut an: Wir sind nicht mehr im Fluss, haben die Balance verloren, etwas in uns stimmt nicht und verlangt nach Aufmerksamkeit. Je früher wir die feinen Signale unseres inneren Navis bemerken und sie erkunden, desto kleiner wird die erforderliche Kurskorrektur sein.

Das gute Nachricht lautet: Du hast eine Fülle an Möglichkeiten, die unguten oder stressigen Empfindungen in relativ kurzer Zeit umzuwandeln. Eine wichtige Methode, die du schon in verschiedenen Varianten kennengelernt hast, ist die FreiRaum-Technik.

Zunächst lade ich dich zu drei verschiedenen Erkundungsexperimenten ein.

Ziel dieser Übungen ist es,

- Stimmiges und Nicht-Stimmiges unterscheiden zu lernen,
- zu erforschen, woran du in verschiedenen Alltagssituationen erkennst,

- ob etwas stimmt oder nicht stimmt,
- zu erkennen, wann etwas stimmt und wann etwas nicht (mehr) stimmt, auch im Kontakt mit anderen Menschen.

Stimmiges und Nicht-Stimmiges unterscheiden – auch im Kontakt mit anderen

Erkundungsexperimente 

Nicht-Stimmiges und Stimmiges unterscheiden lernen

Wie erkennst du die Signale deines Organismus, wenn du aus dem Gleichgewicht gerätst, deinen FreiRaum verlierst, wenn etwas nicht mehr stimmt oder nicht mehr genau stimmt?

Nimm dir zunächst ein paar Atemzüge Zeit, ganz bewusst die Berührungspunkte deines Körpers mit dem Boden und deiner Unterlage wahrzunehmen ... Lasse deinen Körper alle Anspannung, Gewicht und Lasten abgeben ... Lasse deinen Atem fließen ... Gut ausatmen ...

Dann spaziere mit deiner ganzen wohlwollend-freundlichen Aufmerksamkeit in dein Körperinneres ... Achte in der Focusing-Haltung auf deine innere körperliche Resonanz, dein inneres Gespür.

Erinnere dich nun zunächst an berufliche, private Situationen oder Erlebnisse, wo sich etwas so richtig gut und stimmig angefühlt hat ... Lasse dir Zeit, Momente aus deinem Leben, bestimmte Situationen oder Begegnungen mit Personen aus deinem beruflichen oder privaten Umfeld vor deinem inneren Auge auftauchen zu lassen, in deren Beisein du dich gut und wohlgefühlt hast ...

- Woran hast du bemerkt, dass es sich stimmig anfühlt?
- Was hast du in deinem Körper gespürt?
- Wo genau in deinem Körper?
- An welche Gedanken und Gefühle erinnerst du dich?
- Wie war deine Stimmung, deine Körperhaltung, dein Gesichtsausdruck?

- Welche Worte beschreiben genau das, was du erinnerst und innerlich erlebst?
- Welcher Satz oder welche Überschrift passen dazu?

Lasse jede einzelne Frage jeweils eine Weile in dir wirken und warte in Ruhe ab, welche innere Resonanz die Fragen in dir auslösen ...

Vielleicht magst du dir ein paar Notizen machen.

____

____

____

____

____

Dann spüre wieder deinen Körper auf dem Boden und der Unterlage ... Atme gut aus ... Sorge für FreiRaum – atme Belastendes aus oder schüttle es aus deinem Körper heraus ...

Lasse dann vor deinem inneren Auge in einem guten Abstand auf einer Filmleinwand Situationen aus deinem Leben im Schnelldurchlauf auftauchen, in denen sich die Situation als Ganzes nicht so gut und stimmig angefühlt hat ... Spüre mit der Hälfte deiner Aufmerksamkeit deinen Körper auf dem Boden und der Unterlage ... Atme gut aus und sorge für FreiRaum ... Mit der anderen Hälfte deiner Aufmerksamkeit betrachte die Szenen freundlich von außen, wie mit den liebevollen Augen einer guten Freundin oder eines guten Freundes ...

- Wann hast du dich unwohl, unangenehm berührt oder irritiert gefühlt?
- Wann hast du im Körper gespürt, dass irgendetwas nicht stimmt?

Lasse jede Frage eine Weile in dir fallen und nachklingen ... In welchen Situationen, auf welchen Veranstaltungen, Seminaren, bei welchen Ereignissen oder Begegnungen mit bestimmten Personen war »der Wurm« drin und du hast beispielsweise ein »Grummeln«, eine »Enge«, ein Ziehen in der Brust oder etwas anderes Unbehagliches in deinem

Körper bemerkt? … Was genau hast du in deinem Körper bemerkt? … Wie fühlt sich das an? … Atme gut aus … Lasse dich überraschen, welche Situationen vor deinem inneren Auge auftauchen … Vielleicht hast du zunächst nicht gewusst, was genau im Argen war und was du in solchen Situationen tun kannst, damit es für dich wieder stimmt … Verweile eine Zeit lang mit dem inneren Gespür … und sorge für Frei-Raum.

Was hast du innerlich erlebt?

____

____

____

____

____

Was genau hast du in deinem Körper gespürt? … Wie hat sich das angefühlt?

____

____

____

____

____

Welche Bilder oder Worte sind dazu aufgetaucht?

____

____

____

____

Was hast du sonst noch entdeckt?

____

____

____

____

____

Herausfinden, woran du erkennst, ob etwas stimmt oder nicht stimmt

Begib dich dann in reale Situationen deines Lebens. Beobachte und erkunde in der experimentier- und entdeckerfreudigen Focusing-Haltung, woran du frühzeitig bemerkst, dass etwas stimmt beziehungsweise nicht (mehr) stimmt. Im nächsten Schritt kannst du dann erkunden, was genau nicht stimmt und was benötigt wird, damit es sich wieder stimmig anfühlt.

Führe dieses Erkundungsexperiment während des Essens, beim Gehen, bei einem Spaziergang, bei einer nichtsportlichen oder sportlichen Tätigkeit, beim Tanzen, bei der Arbeit, bei einer Freizeitaktivität, beim Lesen der Speisekarte, eines Buchs, von E-Mails, eines Artikels oder bei der Internetrecherche durch – und anschließend auch im Kontakt mit anderen (im Gespräch, bei einer Begegnung, im Coaching, im Seminar). Erkunde, woran du bemerkst, dass etwas stimmt oder nicht (mehr) stimmt.

Bevor du mit dem Erkundungsexperiment beginnst, kehre mit deiner vollen freundlichen Aufmerksamkeit zu dir und deinem Körper zurück. Spüre ganz bewusst deinen Körper, die Kontaktflächen mit etwas anderem: deine Füße am Boden, deinen Körper auf der Unterlage, eventuell deine Hände, die beispielsweise die Speisekarte oder etwas anderes berühren ... Nimm dir einen kleinen Moment Zeit, ganz bewusst deinen Atemstrom wahrzunehmen ... Vielleicht möchtest du deine Augen kurz schließen, um dich besser spüren zu können ...

Beginne dann mit deiner Tätigkeit und achte auf deine innere Resonanz ... Spüre in deinen Körper offen, unvoreingenommen und entdeckerfreudig in der Focusing-Haltung hinein: Was stimmt? ... Lass dir Zeit, die Situation und jede folgende Frage jeweils eine ganze Weile auf dich wirken zu lassen ...

Was spürst du im Körper? ... Wie fühlt sich das an? ... Stimmt etwas nicht? ... Was genau könnte das sein? ... Woran merkst du es?

Halte zwischendurch immer wieder inne, lasse die Situation oder den Gegenstand deiner Betrachtung eine Weile auf dich wirken und spüre in deinen Körper in der Focusing-Haltung hinein ... Wie fühlt sich das im Körper an? ... Wende dich der Speisekarte oder deinem Erkundungsobjekt zu und kehre immer wieder mit deiner Aufmerksamkeit zu deinem Körper zurück, spüre in ihn hinein und erkunde, wie es sich innerlich anfühlt ...

Woran hast du bemerkt, dass sich etwas stimmig beziehungsweise nicht stimmig anfühlt?

____

____

____

____

____

Was spürst du körperlich? Was nimmst du im Körper wahr?

____

____

____

____

____

____

Wie fühlt es sich in dir an?

Wie ist deine Stimmung, deine innere Gestimmtheit?

Wie nimmst du deine Atmung wahr?

Welche Gedanken kommen dir?

Was ist dir an deinem Verhalten aufgefallen?

____

____

____

____

____

Variante: Nimm dir konkret an einem der nächsten anforderungsarmen Tage, beispielsweise am Wochenende vor, bei den verschiedensten Aktivitäten genau zu erkunden, wie sich deine inneren Wegweiser bei dir bemerkbar machen: Wie du genau spürst und woran du genau erkennst, dass etwas stimmt oder nicht ... Was macht sich bei dir genau körperlich, gefühlsmäßig sowie in deiner Stimmung und in deinem Verhalten bemerkbar?

Notiere deine Ergebnisse beziehungsweise ergänze das, was du dir bisher aufgeschrieben hast.

____

____

____

____

____

Wiederhole das Erkundungsexperiment auf deine individuelle Art und Weise regelmäßig, um deinen inneren Achtsamkeitsmuskel zu trainieren. Dadurch lernst du die feinen, wegweisenden Signale deines inneren Navis früher und leichter in dir zu registrieren, wenn dein Organismus »zart« anklopft und noch wenig Zeit und Aufwand erforderlich ist, bevor größere Anstrengungen nötig sind, um mehr Stimmigkeit und Freude in deine Arbeit und dein Leben zu bringen.

Stimmiges und Nicht-Stimmiges im Kontakt mit anderen bemerken und den nächsten Schritt finden

Im nächsten Schritt kannst du das Erkundungsexperiment ausprobieren, wenn du anderen begegnest.

Wenn du im Gespräch, in der Therapie, im Coaching, in einer Begegnung, in einem Seminar, einem Meeting oder auf einer Veranstaltung mit anderen zusammen bist, nimm zunächst erneut ganz bewusst deinen Körper wahr, die Füße am Boden, den Körper auf der Sitzfläche, lasse deinen Atem fließen ... Pendel zwischendurch immer wieder mit der Hälfte deiner Aufmerksamkeit von der Kontaktperson (oder der Gruppe) zu dir zurück ... Nimm die Person als Ganzes in aller Ruhe wahr und lasse sie eine Zeit lang auf dich wirken: ... Wie spricht sie? ... Wie verhält sie sich? ... Wie schaut sie? ... Wie erlebst du ihre Körperhaltung und alles andere? ... Was löst die Person als Ganzes in deinem Körper aus? ...

Pendle zwischendurch immer wieder mit deiner Aufmerksamkeit von der Person zu dir, zu deinem Körper und deinem inneren Gespür ... Du kannst zwischendurch deinen Blick senken, um deine innere Resonanz besser und feiner wahrnehmen zu können ... Wenn es passt, kannst du ab und zu kurz die Augen schließen ... Wenn du eine Weile die Person auf dich wirken lässt und dem Inneren Zeit lässt, einen Felt Sense entstehen zu lassen ..., dann nimm alles zusammen, was du wahrgenommen hast: wie die Person sich verhält, wie sie schaut und alles, was du mit ihr erlebt hast und erlebst ...

Achte auf deine innere Resonanz, dein inneres körperliches Gespür ... Pendle zwischendurch immer wieder zwischen der Person und deinem inneren Körpergespür hin und her. Lasse deinem Inneren etwas Zeit ... Verweile mit dem Unklaren des Ganzen und dem zunächst vage Gespürten in der freundlich-wohlwollenden, offenen und unvoreingenommenen Focusing-Haltung ... Warte in Ruhe ab ... Lasse dich überraschen, ob und was sich zeigt ... Gestatte dir auch, dass du vielleicht zunächst wenig bemerkst ... Warte ab, ob Worte oder Bilder auftauchen oder ob ein Satz aus deinem Inneren kommt, der das beschreibt, was du innerlich spürst … Es ist auch in Ordnung, wenn das zunächst nicht gelingt … Alles braucht Übung und einen guten Zeitpunkt.

Was hast du im Körper gespürt?

___

___

___

___

___

Wie hat sich das angefühlt?

___

___

___

___

___

___

Woran hast du bemerkt, dass etwas (nicht) stimmt?

___

___

___

___

___

___

Welche Worte, Bilder oder was für ein Satz ist gekommen?

____

____

____

____

____

Wenn etwas nicht gestimmt hat, kannst du deinen Körper, dein inneres Navi gezielt befragen: Was stimmt nicht? ... Womit könnte das zu tun haben?

Lasse dem Inneren bei jeder Frage wieder bis zu einer Minute Zeit, eine »Antwort« zu finden ... Spüre in der Focusing-Haltung in deinen Körper hinein und atme gut aus ... Du kannst auch fragen: Was möchte verändert werden? ... Was braucht es? ... Oder: Was könnte ein guter kleiner Schritt sein?

Verwende die Fragen, die zu dir und deiner Situation passen. Warte in Ruhe ab – eher innerlich entspannt zurückgelehnt – und lasse dich überraschen, ob und welche »Antworten« aus dem Inneren aufsteigen.

Was stimmt nicht?

____

____

____

____

____

Womit hat das zu tun?

____

____

Was möchte zum Positiven verändert werden?

Was braucht es (die Situation)? Was könnte ein guter kleiner Schritt sein?

Was du tun kannst, damit es wieder stimmt – es gibt unzählige Möglichkeiten

Wenn unser inneres Navi signalisiert, dass etwas nicht stimmt und sich unbehaglich anfühlt, reagieren wir meist automatisch, es »weghaben« zu wollen. Wir verdrängen es und gehen darüber hinweg. Leider bewirken wir damit genau das Gegenteil. Bekämpfen wir diese unliebsamen »Zeitgenossen« in uns, raubt das viel Energie. Je stärker wir »lästige« Gedanken oder Empfindungen ablehnen, sie unterdrücken, ignorieren, uns mit Aktivitäten ablenken, umso heftiger und findiger verschaffen sich die meist hartnäckigen »Anklopfzeichen« unseres klugen Organismus Gehör. Denn die Energie folgt unserer Aufmerksamkeit. Die unbehaglichen Signale drücken auf unsere Stimmung und können uns sogar nachts den Schlaf rauben. Je länger wir sie verdrängen, desto vehementer melden sie sich und können uns mit akuten und nach und nach mit chronischen psychischen und körperlichen Erkrankungen lahmlegen.

Die gute Nachricht lautet: Diese inneren Signale und die Körpersymptome haben einen Sinn. Sie enthalten ein »Geschenk«, das ausgepackt werden möchte. Was möchte zum Positiven verändert werden? Was möchte in uns lebendig werden?

Beispiel 

Mein Weg mit Focusing aus dem Rheuma

Vor einigen Jahren bekam ich rheumatoide Arthritis: meine Schultern-, Hand-, Knie- und Fußgelenke schmerzten und schränkten meine Beweglichkeit extrem ein. Ich konnte keine Flaschen mehr öffnen, keine Rollläden mehr hochziehen, zeitweise kaum noch gehen und keine Treppen mehr steigen. Schließlich konnte ich mich kaum noch allein anziehen. Ich konnte keine Seminare mehr leiten. Mein Partner befürchtete, dass ich ein Pflegefall werde. Ich freute mich nur noch darauf, mich mittags auf das Sofa zu legen und mich dort nicht bewegen zu müssen. Denn nur dann verspürte ich keinen Schmerz. Mir kam der Gedanke, dass ich mit so einer fortschreitenden chronischen Erkrankung nicht mehr alt werden möchte. Meine Schmerzen, die Aussicht auf Verschlimmerung und die heftigen Nebenwirkungen der Medikamente brachten mich dazu, tiefer hinzuschauen, mich focusingorientiert auf den Weg zu machen und zu erkunden, was verändert werden möchte. Ich nahm an Online-Kongressen, Ernährungscoachings und -programmen teil und probierte alternative Heilmethoden und Ergotherapie aus. Ich ließ mich professionell von einer Focusing-Kollegin begleiten, um herauszufinden, was die Körpersymptome mir sagen wollten. In einem längeren Prozess fand ich die multifaktoriellen Wurzeln, zu einer vitalstoffreicheren leckeren Ernährung, einer größeren körperlichen sowie geistig-seelischen Beweglichkeit und einem Weg aus der Krankheit. Seit fast zwei Jahren bin ich frei von Rheuma und Medikamenten und spüre heute deutlich mehr Vitalität und ein besseres Lebens- und Körpergefühl als vor fünf Jahren.

Wir können erkunden, was das innere körperliche Gespür, der Felt Sense, bedeutet und können unser inneres Navi befragen, was nicht stimmt und welcher nächste kleine Schritt dazu führt, dass es sich wieder stimmig anfühlt. So können wir wieder in Übereinstimmung mit dem Inneren handeln und entscheiden. Es gibt erfreulicherweise unzählige Möglichkeiten, aktiv zu werden und etwas zum Positiven zu verändern – manchmal in wenigen Sekunden –, damit wir wieder freudvoll, in einer guten Energie unser Tagwerk fortsetzen können. Doch manchmal braucht es etwas länger, wenn Probleme sich angestaut haben und sich möglicherweise bereits heftige Körpersymptome zeigen, die auf etwas Bedeutendes aufmerksam machen möchten, das wir ignoriert haben und das zum Positiven verändert werden möchte, damit wir uns weiterentwickeln können.

Info 

Die RAIN-Methode

Die amerikanischen Psychologin Tara Brach hat die bewährte Selbsthilfemethode, die RAIN-Methode weiterentwickelt, die uns in vier einfachen Schritten dabei unterstützt, achtsam und mitfühlend schwierige Empfindungen umzuwandeln. Diese vier Schritte haben mich inspiriert, sie mit Focusing-Kurztechniken anzureichern.

R = recognize **Registrieren** – das Signal deines inneren Navis
A = allow the experience to be there **Annehmen** – erlauben, da zu sein

I = investigate with interest	**Interessiert erforschen**, was los ist, in der Focusing-Haltung
N = nourish with compassion	Nähren – das innere **Navi fragen**, was jetzt gut und richtig ist

Diese Methode kann uns helfen, schwierige Emotionen zu akzeptieren und zu transformieren, indem wir uns ihnen achtsam und mitfühlend zuwenden und uns aktiv um sie kümmern. Durch die Integration von Focusing-Techniken können wir diese Methode noch wirkungsvoller anwenden.

Erster Schritt: Registrieren – bewusst die Regie übernehmen statt sich regieren zu lassen

Der erste und entscheidende Schritt besteht darin, dass wir lernen, die feinen wegweisenden Signale unseres inneren Navis überhaupt zu **bemerken**, damit wir das Steuer wieder in die Hand nehmen, anstatt uns von unbehaglichen Empfindungen steuern zu lassen. Im besten Fall erkennen wir das so frühzeitig, dass es nur ganz wenig bedarf, damit es wieder stimmt und wir in die Balance, in den Fluss, in eine gute Energie und in die für uns richtige Richtung kommen. Wenn es uns gelingt, können wir für Gelassenheit, Freude und Stimmigkeit sorgen, bevor negative Gedanken und Gefühle uns überwältigen und in eine Negativspirale hinabziehen. Bemerkst du beispielsweise ein Unbehagen, ein Genervtsein oder eine Unzufriedenheit, hast du die Wahl, ob du darüber hinweggehst, dich davon beherrschen lässt, das Ungehaltensein »aushältst« und in der Opferrolle verharrst, ob du andere für deine Gefühle verantwortlich machst und deine Mitmenschen deine negativen Empfindungen spüren lässt und sie damit ebenfalls belastest. Oder ob du die Verantwortung übernimmst und dich selbst **aktiv** um das wegweisende Signal deines inneren Navis kümmerst. So kannst du dich deinem inneren Erleben zuwenden, für FreiRaum sorgen, dem Unbehaglichen in dir erlauben, da zu sein, und mithilfe deines inneren Navis erkunden, wie du einen konstruktiven Umgang damit finden und herausfinden kannst, was verändert werden möchte und dich auf deinem Weg voranbringt.

Im ersten Schritt kannst du würdigen, dass du das Signal deines inneren Navis registriert hast. Du kannst dir innerlich auf die **Schulter klopfen** und das wertschätzen, anstatt dich oder andere zu verurteilen.

Zum Glück gibt es immer mehr als drei Möglichkeiten, aus automatisierten und schädlichen Mustern auszusteigen und mithilfe deiner Körperintelligenz und Intuition dafür zu sorgen, dass es wieder stimmt und du die nächsten Schritte findest, die dich wieder in den Fluss und deine Freude zurückbringen.

Zweiter Schritt: Erlauben – Begrüßen und für FreiRaum sorgen

Einer der wichtigsten Schritte ist die Annahme, die Akzeptanz, die allerdings nicht auf »Knopfdruck« gelingt. Es kann helfen, die negativen Bewertungen zu registrieren und »umzudrehen«. So ist eine Möglichkeit, deinen negativen Gedanken und Urteilen innerlich **»Stopp«** zu sagen (s. auch Pilz-Kusch 2017c, Impulskarte 37) und auf diese Weise ganz bewusst aus den negativen Gedanken und Emotionen auszusteigen, bevor du dich davon ausbremsen lässt.

Erkunde, wie sich das anfühlt, wenn du von der negativen Bewertung in den Modus der **wohlwollend-freundlich** erkundenden Focusing-Haltung »wechselst«, indem du dir beispielsweise sagst: »**Aha, interessant.** Da ist etwas Unbehagliches in mir. Bin gespannt, was der innere Wegweiser mir sagen möchte.« So kommst du in eine aktive, spielerisch erforschende Focusing-Haltung.

Es ist hilfreich, einen Moment innezuhalten und mit deiner freundlichen Aufmerksamkeit zu dir und deinem Körper zurückzukehren. Wenn du in einem Gespräch, einem Meeting oder einer Begegnung bist, kehre mit der Hälfte deiner Aufmerksamkeit zu dir und deinem Körper zurück, nimm dein inneres Erleben wahr und erkunde, was jetzt nötig und hilfreich sein könnte.

Beobachte dein inneres Erleben. Indem du dir innerlich sagst »Aha, interessant«, kannst du schon etwas **Abstand** gewinnen und wieder die Regie in die Hand nehmen. Du kannst mit verschiedenen Frei-Raum-Techniken experimentieren, um Abstand zu gewinnen. Du kannst focusingorientiert **spielerisch erkunden** oder dem innere Navi konkrete Fragen stellen wie: »Was ist jetzt nötig?« ... »Was braucht es (die Situation) jetzt?« ... »Was möchte zum Positiven verändert werden?« ... »Was bringt mich jetzt wieder in meine Kraft?« ... und die passende Frage jeweils wieder focusingorientiert eine Weile in dir fallen und wirken lassen, bis ein stimmiger Impuls kommt.

Gelingt es dir frühzeitig, erste Anzeichen von Angespanntheit, Angestrengtheit oder Ungehaltensein zu erkennen, reicht es manchmal, sich einen Moment zurückzulehnen, die Augen zu schließen und Gehirn, Körper und Herz wenige Sekunden eine Verschnaufpause zu gönnen: durchatmen, nichts tun und die Stille genießen. Du kannst auch ein paar Schritte an der frischen Luft machen und dich einen Augenblick von der Sonne wärmen oder vom Wind streicheln lassen. Wenn du in einem Gespräch bist, kannst du dir selbst, dem eigenen Körper und inneren Erleben die Hälfte der eigenen Aufmerksamkeit schenken und erkunden, was jetzt hilfreich sein könnte. Manchmal reicht es, der unbehaglichen Empfindung etwas Zuwendung zu schenken, ihr zu erlauben, da zu sein und ihr Mitgefühl zu schenken. Oft verändert sich dann schon etwas in uns. Wir fühlen uns besser und sind wieder handlungsfähiger.

Erkundungsexperiment 

Nicht-Stimmiges spielerisch erkundend umwandeln

Ziele: Nicht-Stimmiges registrieren, erlauben da zu sein, mit Interesse in der Focusing-Haltung spielerisch erkunden, was wichtig ist, was eventuell fehlt und was geändert werden sollte, damit es wieder stimmt.

Ablauf: Bevor du mit dem Experiment beginnst, nimm dir einen kleinen Moment Zeit, um ganz bewusst die Berührungspunkte mit dem Boden, der Unterlage oder etwa anderem wahrzunehmen und deinen Atem fließen zu lassen ...

Sobald du beim Lesen, Arbeiten oder einer anderen Tätigkeit registrierst, dass etwas nicht (mehr) stimmt, klopfe dir innerlich auf die Schultern, dass du es bemerkt hast. Statt dich zu verurteilen probiere aus, wie es für dich ist, wenn du dir in etwa Folgendes sagst: »Super, ich habe bemerkt, dass etwas nicht mehr stimmt. Aha, interessant. Spannend. Nun kann ich untersuchen und herausfinden, was nötig ist, damit es wieder stimmt.«

Wende dich interessiert deinem inneren Erleben zu und beobachte, was du jetzt genau in deinem Körper wahrnimmst ... Erkunde spielerisch, was zum Positiven verändert werden möchte ... Du kannst deiner inneren Suchmaschine konkrete Fragen stellen, Vorschläge unterbreiten oder einzelne Ideen ausprobieren: beispielsweise einen Moment deine Augen zu schließen, durchzuatmen und deinem Gehirn, Körper und Herzen eine kleine Pause zu gönnen und nichts zu tun ...

Du kannst damit experimentieren, deine Position zu verändern, es deinem Körper gemütlich zu machen oder dir etwas Schönes zu gönnen. Probiere aus, was dir in den Sinn kommt: einen Blick ins Grüne, eine Tasse leckeren Tee oder ein paar Schritte an der frischen Luft ...

Spüre dabei in aller Ruhe in deinen Körper hinein und erkunde: »Wie fühlt es sich jetzt in mir an?« ... Untersuche, woran du erkennst, dass es sich wieder stimmig und gut anfühlt ... Gestatte dir auch, dass du nichts herausfinden »musst« ...

Was hast du herausgefunden?

Was war hilfreich für dich?

Zur Verdeutlichung erzähle ich dir, wie meine Körpersymptome mich weitergebracht haben.

Beispiel 

Wie Körpersymptome uns den Weg weisen können

Als ich in den letzten Zügen der Überarbeitung dieses Manuskripts kurz vor dem vereinbarten Abgabetermin lag, fiel mir auf, dass mein Hautausschlag immer dann aufflammte und heftig juckte, wenn beim Schreiben etwas nicht stimmte – insbesondere bei den Textstellen, die mir besonders am Herzen lagen und ich etwas neu Kreiertes zum Ausdruck bringen wollte.

Ich fragte meinen Körper: »Was möchte mir das Hautjucken sagen?« Ich untersuchte die Situationen, in denen es auftrat: wenn ich mich zu sehr anstrengte, etwas mit dem Kopf erzwingen wollte, anstatt auf meinen Körper zu hören, wenn meine Kreativität und Lust mich verließen oder ich ignorierte, dass ich eine Pause benötigte. Mein hochintelligenter Körper machte mich so darauf aufmerksam, dass etwas nicht stimmte und zum Positiven verändert werden wollte. Es dauerte eine Weile, bis ich das Geschenk des Hautjuckens erkennen konnte. Als ich schließlich bei beginnendem Hautjucken mit dem Schreiben aufhörte und begann, das Signal meines inneren Navis ernst zu nehmen und zu erforschen, fand ich nach und nach wieder zur experimentierfreudigen Focusing-Haltung und einer freudvollen Schreibweise zurück. Es machte mir nicht nur mehr Freude, meinem inneren Fluss und Rhythmus zu folgen, sondern es gelang mir auch, leichter und stimmiger das zu Papier beziehungsweise in den PC zu bringen, was ich entwickelt hatte. Es machte mich glücklich, dass es zeitweise leicht »aus mir herausfloss«. Das half ungemein, das Geschenk in dem unangenehmen Hautjucken zu sehen und dem lästigen Körpersymptom zu danken, anstatt es negativ zu bewerten und abzulehnen oder mich dafür zu verurteilen, dass ich etwas »falsch« gemacht habe.

Dritter Schritt: Unbehagliches erkunden und umwandeln

Um unangenehme Emotionen in uns zu transformieren, ist es zentral bedeutsam, sie zuerst anzunehmen und ihnen zu gestatten, da zu sein. Unsere Gefühle wollen gefühlt, ernst genommen und beachtet werden.

Der vierte Focusing-Schlüssel, der uns auffordert, alles zuzulassen, was an innerem Erleben in uns ist (Pilz-Kusch 2020), ist der entscheidende Schritt, um negative Empfindungen umzuwandeln. Das ist das Nadelöhr, durch das wir »gehen« müssen, um diese zu transformieren. Paradoxerweise kann sich Unbehagliches erst verändern, wenn wir ihm erlauben, da zu sein.

Wie kann das gelingen? Oft sagen Klienten oder Seminarteilnehmerinnen, wenn sie das Partialisieren üben: »Muss ich ja wohl annehmen.« Das klappt meist nicht, weil unser Inneres auf Druck »Ich muss« nicht reagiert. Du kannst mit Partialisieren FreiRaum schaffen und dein Inneres fragen, ob alles, was du innerlich erlebst, da sein darf. Experimentiere mit weiteren folgenden Möglichkeiten und erkunde, was dir in verschiedenen Lagen weiterhilft.

Übungen 

Starke Emotionen umwandeln – erlauben – umarmen – lustvoll ausleben – zulächeln

Ziel: Starke Emotionen fühlen und verschiedene Möglichkeiten erkunden, sie da sein zu lassen und umzuwandeln.

Ablauf: Sobald du beispielsweise eine starke Erschöpfung, Lustlosigkeit, Ärger oder Wut in dir bemerkst, kehre mit deiner Aufmerksamkeit zu deinem Körper zurück ... Spüre deine Füße am Boden und lasse deinen Atem fließen ... Wende dich diesem Gefühl einen kleinen Moment interessiert zu und versuche, der Erschöpfung oder dem Ärger zu gestatten, da zu sein ...

Experimentiere mit folgenden Möglichkeiten, die dich dabei unterstützen können:

- Nimm das Gefühl oder ein Kissen als Symbol für das Gefühl eigenverantwortlich zu dir, an dein Herz und umarme die unbehagliche Emotion.
- Nimm die Angst oder Verzweiflung in den Arm oder stelle dir vor, sie vor dich auf den Schoss zu setzen und wie ein verletztes oder trauriges Kind ihm innerlich über den Kopf zu streicheln.
- Werde dir deines Herzens bewusst und lächle dem unbehaglichen Gefühl vom Herzen her zu. Schenke ihm Mitgefühl, Anteilnahme und Verständnis, wie wir es auch bei einem Freund oder einer Freundin tun würden.
- Gestatte dir auch, dass gar nichts »fruchtet« ...

Finde heraus, welche der Techniken dir in verschiedenen Situationen helfen.

Belastendes genussvoll wegschieben

Ziel: Frei werden von belastenden Gefühlen.

Ablauf: Wenn du unbeobachtet bist, kannst du dich wirkungsvoll entlasten und dir Luft, FreiRaum und Lust verschaffen, indem du Bewegungen aus der Selbstverteidigung imitierst und humorvoll ausagierst, so wie es dir Freude bereitet.

Stelle dich breitbeinig hin, damit du einen guten, festen Stand hast. Achte darauf, dass du in den Knien beweglich bleibst. Dann schiebst du deine Belastungen mit kräftigen Bewegungen nach vorn weg. Das kannst du mit beiden Händen machen. Gleichzeitig kannst du die unliebsamen Empfindungen auch mit beiden Beinen abwechselnd nach vorne in die Luft von dir wegtreten – leicht, geschmeidig und freudvoll. Lächle dabei und atme zudem kräftig mit aus. Wenn du magst, kannst du das auch mit Tönen wie »phhh« unterstützen.

Führe die lustvollen Selbstverteidigungstechniken ganz unangestrengt und leicht aus, sodass dein innerer Raum frei wird von deinen Problemen und den Situationen, die dich belasten. Bringe sie so auf Abstand, damit du dich innerlich freier fühlen kannst.

Alternativ kannst du die unbehaglichen Gefühle mit der Kurz-FreiRaum-Technik clownesk übertrieben lustvoll ausleben (S. 75).

Wie ist es dir mit den verschiedenen Varianten ergangen?

____

____

____

____

____

Was hast du körperlich und seelisch erlebt?

____

____

____

____

____

____

Was genau hat dir geholfen, deine Emotionen anzunehmen und umzuwandeln?

____

____

____

____

____

____

Vierter Schritt: Das innere Navi befragen

Manchmal kann es weiterbringen, hartnäckige und häufig wiederkehrende Gefühle wie Angst, Hilflosigkeit oder Unzufriedenheit einfühlsam zu befragen: Was brauchst du? Was wünschst du dir? Dabei ist es wichtig, dass du festen Boden unter deinen Füßen spürst, gut ausatmest und in einem guten Kontakt zu dir und deinen Stärken bist und für FreiRaum sorgst (s. Pilz-Kusch 2020, S. 122). Vielleicht möchtest du dir auch gönnen, dich von einem erfahrenen Therapeuten oder Coach professionell begleiten zu lassen.

Beispiel 

Die Unzufriedenheit begrüßen und befragen

An einem bestimmten Punkt habe ich beim Lesen und Weiterschreiben dieses Manuskripts zunächst etwas Ungehaltenes in mir bemerkt. Dann spürte ich ein Unbehagen. Schließlich breitete sich zunehmend eine Unruhe und Unzufriedenheit in mir aus. Ich stand auf, ging ein paar Schritte, setzte mich, lehnte mich zurück, spürte meinen Körper, atmete geräuschvoll aus und schloss meine Augen. Ich versuchte, den starken Gefühlen in mir zu gestatten, da sein. Partialisieren half ein kleines bisschen, aber es reichte nicht, um FreiRaum zu gewinnen und die Empfindungen umzuwandeln. Ich begrüßte die heftigen Empfindungen und nahm sie an mein Herz, indem ich eine Hand auf den Herzbereich legte. Das half mir, alle Gefühle da sein lassen. Jetzt hatte ich den nötigen Abstand, um mich fragend, erkundend und erforschend meiner Unzufriedenheit zuzuwenden und sie zu befragen.

Ich ging ein paar Schritte und fragte Richtung Körpermitte: Was macht dich unzufrieden und stimmt nicht? Ich verweilte eine Zeit lang mit dem Unklaren des Ganzen und öffnete mich dem Nichtwissen. Ich spürte nach einer guten Weile, dass der Aufbau des Manuskripts mir nicht behagte. Ich ließ meine innere Suchmaschine so lange in mir »arbeiten«, bis ich plötzlich Klarheit gewann: Drei Punkte erschienen mir langweilig zu lesen. Ich fragte mich: Was möchte verändert werden? … Ich verweilte mit dem Unklaren des Ganzen und öffnete mich dem Nichtwissen … Nach einer kleinen Zeit lang machte es klick: Ja, genau – die drei Punkte möchten schon in den ersten Teil eingebaut und die Erkundungsexperimente in einer anderen Reihenfolge aufgebaut werden … Und schon breitete sich eine neue Schreiblust und Freude in mir aus.

In unterschiedlichen Situationen kannst du dem inneren Navi die für dich jeweils passenden, möglichst konkreten Fragen stellen, sobald du die unbehaglichen Emotionen umgewandelt und für FreiRaum gesorgt hast, um deine innere Suchmaschine anzukurbeln.

Info

Mögliche Fragen an dein inneres Navi

Lass dich durch folgende Beispiele anregen und finde deine eigenen passgenauen Fragen:

- Was braucht es jetzt? Oder: Was könnte ich jetzt gut brauchen?
- Was wäre jetzt nötig/gut/richtig? Oder: Was könnte hilfreich sein?
- Was möchte verändert werden? Oder: Was habe ich in der Hand zum Positiven zu verändern?
- Was stärkt mich jetzt? Oder: Was täte mir jetzt gut?
- Wonach ist mir jetzt? Oder: Wo geht meine Energie hin?
- Was ist jetzt wirklich wichtig und richtig?
- Was bringt mich jetzt voran?
- Wie kann ich es mir leichter machen?
- Was wäre jetzt für mich am stimmigsten? Oder: Was könnte ein kleiner, guter nächster Schritt sein?

Probiere nun selbst aus, welche konkreten Fragen du deinem inneren Navi stellen kannst.

Übungen 

Dein inneres Navi fragen: »Wie kann ich die Stimmung drehen?«

Sobald du registrierst, dass sich etwas in dir ungut, nicht mehr stimmig anfühlt und deine Stimmung in den Keller spaziert, halte einen kleinen Moment inne, komm mit deinem Körper in Kontakt und befrage dein inneres Navi: »Wie kann ich die Stimmung drehen und Freude reinbringen?« ... Warte einige Sekunden bis zu einer Minute in der Focusing-Haltung, bis du eine »Antwort«, einen Körper- oder Handlungsimpuls in dir verspürst ...

Wenn kein Impuls kommt, probiere etwas anderes aus und spüre in dich hinein, wie es sich anfühlt. So lange es sich nicht stimmig anfühlt, verändere etwas, beispielsweise

- Tempo
- Rhythmus
- innere Haltung
- Arbeitsweise

Du kannst auch dein Inneres fragen: »Wie kann ich mir etwas Schönes gönnen?« Oder: »Wie kann ich mir die Situation schön ›machen‹?« ... »Was könnte meine Sinne erfreuen?« ... »Womit könnte ich mich umgeben, das angenehme Gefühle in mir auslöst?» ... Beispielsweise eine schöne Pflanze, ein Bild, eine Kerze ...? ... Lasse wieder jede einzelne Frage eine Weile in dir fallen und wirken ... Warte neugierig-interessiert, offen und erwartungsfrei in der Focusing-Haltung ab, bis etwas Erhellendes in dir aufsteigt ...

Was hast du erlebt?

Was hast du herausgefunden?

Wie war das für dich?

Etwas anderes ausprobieren

Sobald du beim Lesen oder einer anderen Tätigkeit bemerkst, dass etwas nicht mehr stimmt und sich etwas nicht gut anfühlt, probiere etwas anderes aus, das dir einfällt und sich besser anfühlt.

Du kannst deinem Körper die Regie überlassen, ihn wie von selbst sich bewegen lassen und seinen Impulsen folgen. Experimentiere so lange und spüre in deinen Körper hinein, bis es sich besser anfühlt ...

Was hast du erfahren?

Was hast du bemerkt?

Wie hat es sich angefühlt?

Das Thema in dir »arbeiten« lassen oder spielerisch ausprobieren, was und wie es (wieder) stimmt

Ziele und Nutzen: Diese zwei weiteren Speed-Focusing-Varianten bringen Klarheit, wenn du keine Antwort auf deine innere Frage erhalten hast. Dein Körper weiß die Antwort und hilft dir, diese zu finden.

Ablauf: Solltest du keine Antworten von deinem inneren Navi erhalten, gräme dich nicht. Probiere Folgendes aus: Du kannst etwas ganz anderes tun, beispielweise Spazierengehen oder eine routinierte Tätigkeit ausüben und das Unklare des Ganzen in deinem Inneren bewegen, bis irgendwann die »Antwort« reif ist und Klarheit in dir entsteht.

Eine andere Möglichkeit ist, dass du etwas ausprobieren kannst, was dir in den Sinn kommt und dir guttun könnte. Du kannst spielerisch erkunden, was und wie es jetzt richtig sein könnte. Spüre in deinen Körper hinein, wie das für dich ist. Wichtig ist, dabei deinen Körper zu spüren und aus dem FreiRaum heraus dich neugierig und unvoreingenommen in der spielerisch erkundenden Focusing-Haltung dem Nichtwissen zu öffnen. Lasse dich von deinem inneren Erleben überraschen. Wenn sich noch etwas irgendwie zäh oder ungut anfühlt, probiere etwas anderes aus oder ändere etwas an der Art und Weise:

- Variiere deine Haltung, deine »Brille«, mit der du schaust.
- Spiele mit dem Tempo, dem Energielevel, summe, singe oder tanze, wenn es passt.
- Erkunde spielerisch, wie du Leichtigkeit und Freude in deine Tätigkeit reinbringst.
- Du kannst dich auch fragen: Was möchte verändert werden? ... Erkunde neugierig und offen, ob es sich stimmig anfühlt ... Achte auf deine innere Resonanz ... Wie fühlt es sich an, wenn du deinen inneren Impulsen folgst?

Was hast du erlebt?

____

____

____

____

____

Was war für dich hilfreich?

____

____

Was hast du herausgefunden?

Wie fühlt es sich an, deinen inneren Impulsen zu folgen?

Was hilft, wenn nichts mehr zu helfen scheint

Manchmal überkommt uns der körperliche oder geistig-seelische Schmerz so heftig, dass weder eine (FreiRaum-)Technik, noch alles andere, was du probierst, »fruchtet«. Der Widerstand in dir ist ebenso groß wie die Abwehrhaltung, sodass Akzeptanz unmöglich erscheint.

Übung 

Alles zulassen und hineinentspannen

Probiere aus, ob es dir möglich ist, das Unbehagliche in dir zuzulassen und ihm freundlich Gesellschaft zu leisten ... Suche dir ein gemütliches Eckchen, einen Platz, an dem du dich wohlfühlst und dich zurückziehen kannst ... Vielleicht magst du dich auch hinlegen ... Mache es deinem Körper so gemütlich wie möglich und atme gut aus, am wirkungsvollsten hörbar ...

Vielleicht magst du auch einen guten Ort in deinem Körper aufsuchen (s. S. 137 f.) ... Erkunde, ob du dich dem Schmerz hingeben und alle Gefühle durch dich hindurchfließen lassen kannst und ihnen einfach nur etwas freundliche Aufmerksamkeit und Zuwendung schenken kannst, wie es eine gute Freundin oder ein guter Freund tun würde ... Vielleicht möchtest du die Tränen fließen und alle Gefühle kommen lassen ...

Versuche nun, dich in die unangenehmen Empfindungen hinein zu entspannen: gut ausatmen, Anspannungen, so gut es geht, aus dem Körper entweichen lassen ... Wenn du magst, kannst du dir auch erlauben, zu jammern oder zu zetern – ohne konkrete Worte – was auch immer an Tönen oder Schluchzen aus dir herauskommen mag und deinen Emotionen »Luft« verschafft ...

Falls es dir nicht gelingt, erkunde, wie es ist, dir zu erlauben, dich einfach so sein zu lassen mit dem Unbehaglichen, dem Widerstand und der Abwehrhaltung ... Möglicherweise möchten Töne raus aus deinem Körper ... Oder du möchtest deine Gefühle spielerisch und humorvoll stark übertreiben und lustvoll ausleben ... notfalls auf der Toilette ... Vielleicht magst du auch deine innere Suchmaschine in Gang setzen und sie fragen:

- Was täte mir jetzt gut?
- Was könnte jetzt hilfreich sein?
- Wonach ist mir?
- Was fühlt sich jetzt leicht an?
- Oder: Was würde mir jetzt Freude bereiten?

Lasse deinem inneren Navi wieder etwas Zeit und verweile in der Focusing-Haltung mit der Frage oder den Fragen, die dich ansprechen … Lasse dich wieder – innerlich entspannt – überraschen, welche Antwort oder welcher Impuls aus deinem Inneren aufsteigt …

Sollte kein stimmiger Handlungsimpuls auftauchen, probiere irgendetwas spielerisch aus, was dir in den Sinn kommt und sich leicht und gut anfühlt …

Was hast du erlebt und entdeckt?

____

____

____

____

____

Was genau war hilfreich für dich?

____

____

____

____

____

Was ist dir leicht gefallen und hat dir vielleicht sogar Freude bereitet?

____

____

____

____

____

Eine stimmige Balance finden

Wie wäre es, wenn du dich und dein Leben wirklich ernst nimmst, die volle **Verantwortung** dafür übernimmst und du dich an die erste Stelle deiner Prioritätenliste in deinem Leben setzt? Wie würde sich das anfühlen? Wer anders als du kann dein eigenes Leben leben? Nur du hast Zugang zu deinem Innersten, wo etwas in dir weiß, was für dich gut und richtig ist. Du allein kannst die feinen Ausschläge deines inneren Navis bemerken, sie beachten und ihnen folgen. Wenn du das machst, hat das nicht nur **Auswirkungen** auf dich selbst, sondern auf dein gesamtes privates und berufliches Umfeld, also auf sehr viele Menschen. Wenn du gut für dich sorgst, kannst du ebenso gut für andere sorgen. Wenn du stressfrei, ausgeglichen und freudvoll bist, hast du eine **positive Ausstrahlung**. Diese Stimmung wirkt sich auf andere aus, sodass sie gern mit dir zusammen sein möchten – beruflich wie privat. Umgekehrt können Stress, Hektik, negative Gedanken und schlechte Stimmungen andere anstecken und sie belasten.

Mit dem focusingorientierten Innehalten und dem Speed-Focusing-Check kannst du unnötigen und chronischen Stress hervorragend vermeiden. FreiRaum-Techniken helfen dir, in akuten Stresssituationen negative Empfindungen umzuwandeln, um wieder in einer guten Energie und in Kontakt zu allen deinen Fähigkeiten umsichtig agieren zu können.

Du erhältst in diesem Kapitel weitere Methoden und kannst beispielsweise mit dem Aufsuchen des guten Ortes in dir Halt, Kraft und Wohlbefinden finden.

Nur du kannst dafür sorgen, dass deine Balance zwischen Aktivitäten und Belastungen auf der einen Seite sowie Erholung, Entspannung und Auftanken auf der anderen Seite stimmt. Gerade wenn du vielfältig engagiert bist und dir wenig Zeit für Erholung nimmst, ist es wichtig, deine Bedürfnisse und Grenzen genau wahrzunehmen und zu beachten. Finde kleine, für dich passende Ruhe- und Kraftinseln in deinem Alltag und deinen gesunden Rhythmus, um gesund, positiv und vital zu bleiben.

Die nächsten Übungen laden dich ein, damit zu experimentieren, wie du auch in einem vollen beschleunigten Alltag mehr auf dich, deine Bedürfnisse und deine innere Ausrichtung hören und mehr Freude, frische Energie, Wohlbefinden und Balance in dein Leben bringen kannst.

Erkundungsexperimente 

Stimmige Bedürfnisse aufspüren

Ziel: Engagierst du dich sehr? Nimmst du deine Arbeit sehr wichtig und schenkst deinen Bedürfnissen im Alltag manchmal zu wenig Beachtung? Weißt du in der Mittagspause, an Feierabenden, Wochenenden oder auch im Urlaub oft nicht, was jetzt gut für dich wäre? Dann kann es dir guttun, öfter innezuhalten und folgende kleine, erhellende Speed-Focusing-Übung auszuprobieren. Sie hilft vor allem in Situationen, in denen du nicht genau weißt, was jetzt für dich stimmig und richtig ist. Du brauchst nicht lange nachzudenken. Nimm dir die Freiheit, deinen Kopf »abzulegen« und deine innere Suchmaschine in Gang zu setzen. Gestatte dir, offen und neugierig zu erkunden, wonach dir ist, anstatt in festgefahrenen Vorstellungen oder Plänen deines Kopfes zu verharren. Probiere dieses Erkundungsexperiment beispielsweise zu Beginn der Mittagspause oder des Feierabends, zum Einstieg ins Wochenende oder am Samstag- oder Sonntagmorgen aus.

Ablauf: Sobald du spürst, dass du eine Pause benötigst oder nicht weißt, was dir jetzt guttäte, experimentiere mit einer oder zwei der folgenden Fragen.

Nimm dir zunächst wieder etwas Zeit, um deine volle, freundliche Aufmerksamkeit zu dir und deinem Körper zu lenken ... Vielleicht möchtest du deine Augen schließen, um dich besser spüren zu können ... Mache es deinem Körper so gemütlich wie möglich – sei es stehend, im Sitzen oder im Liegen ... Lasse deinen Atem fließen ... Erlaube deinem Körper, sich wie von selbst zu bewegen, um eine angenehme und gemütliche Körperhaltung zu finden ... Spüre ganz bewusst deine Füße am Boden, die Berührungspunkte deines Körpers auf der Sitz- oder Liegeunterlage und möglicherweise deinen Kopf an der Lehne oder auf der Liegefläche ...

Lasse deinen Atem fließen ... Gestatte deinem Körper, so gut es geht, seine Lasten an Boden, Sitz und Unterlage abzugeben und überflüssige Anspannung gehen zu lassen ... Spüre ganz bewusst deinen Ein- und Ausatemstrom und lasse mit der Ausatmung alles Angespannte, Angestrengte, alle Gedanken und alles Unbehagliche aus dem Körper weichen und auf Abstand bringen ...

Stelle dir dann eine oder zwei der folgenden Fragen und lasse diese in dir fallen und wirken. Warte jeweils ab, was sich in deinem Körper tut.

Wonach ist mir jetzt? ... Was täte mir jetzt gut? ... Was brauchen mein Körper und meine Seele jetzt?

Stelle deinem Inneren die Fragen, die für dich passen ... Warte eine Zeit lang in Ruhe ab ... Spüre wohlwollend-freundlich und unvoreingenommen in dich hinein. Lasse dir Zeit dabei und lasse dich überraschen, welche innere Resonanz, welches Bild, welche »Antwort« oder welcher Impuls aus deinem Inneren aufsteigt ... Gestatte dir auch, dass nichts passiert.

Stimmige Bedürfnisse erkunden

In den Körper hineinspüren

Wonach ist mir?

Wie war das für dich?

Was hast du innerlich erlebt?

Was hast du entdeckt und herausgefunden?

Stimmig Kraft und Energie tanken nach einem anstrengenden Tag

Ziel: Bei Energielosigkeit und Müdigkeit in Kontakt mit deinen eigenen Bedürfnissen treten und herausfinden, wie du jetzt am wirkungsvollsten Energie tanken und Stress abbauen kannst.

Ablauf: Wenn du dich beispielsweise nach einem anstrengenden Tag kraftlos und erschöpft fühlst, lehne dich zurück ... Schließe deine Augen, wenn es angenehm ist ... Lasse deinen Atem fließen und deinen Körper wie von selbst sich bewegen, um eine bequeme, gemütliche Haltung zu finden ... Schenke dir und deinem Körper deine volle, wohlwollend-freundliche Aufmerksamkeit ...

Spüre ganz bewusst die Berührungspunkte deines Körpers mit dem Boden und der Unterlage. Erlaube ihm, die ganzen Lasten, den Stress und ebenso die Energielosigkeit und Müdigkeit an die Unterlage und den Boden abzugeben ... Lasse deinen Atem fließen ... Atme durch die Nase unangestrengt ein und den leicht geöffneten Mund wieder aus ...

Lasse dich in die Ausatmung hineinfallen und dabei alles, was dich belastet, aus dem Körper weichen ... Atme auf diese Weise achtsam und so lange aus, bis du das Gefühl hast, dass es etwas weiter und freier in dir geworden ist und der innere – vielleicht überfüllte – Raum frei ist für das, was jetzt in dir lebendig werden möchte.

Stelle dann eine konkrete Frage Richtung Körpermitte. Wähle die Frage aus, die dir jetzt entspricht: Was wäre jetzt hilfreich und gut für mich? ... Was ist nötig, um aufzutanken? ... Wie kann ich jetzt am besten zur Ruhe kommen? ... Wodurch gewinne ich jetzt am besten

Kraft? … Lasse die gewählte Frage jeweils eine Weile in dir wirken und richte deine Aufmerksamkeit nach innen … Erkunde in der freundlich-annehmenden Focusing-Haltung neugierig und unvoreingenommen, welche innere körperliche Resonanz in dir entsteht …

Lasse deinem Inneren ungefähr eine Minute Zeit … Verweile eine Zeit lang mit dem vielleicht noch eher vage Gespürten im Brust-Bauch-Raum: wohlwollend, achtsam und offen neugierig, absichtslos …

Gestatte, dass du nichts herausfinden musst … Warte in Ruhe ab – entspannt zurückgelehnt – welche Impulse aus deinem Innersten aufsteigen …

Was hast du entdeckt, was nötig ist, um Kraft zu tanken?

____

____

____

____

____

Was ist für dich hilfreich?

____

____

____

____

____

Welche Aktivität oder welche Form des Ausruhens fühlt sich jetzt für dich stimmig an?

____

____

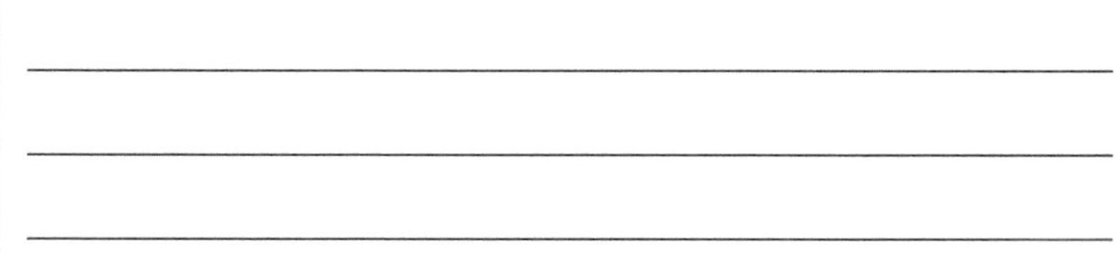

Wenn keine Antwort kommt, verzage nicht. Probiere dieses Erkundungsexperiment in einer nächsten Situation aus. Sollte kein klarer Impuls aus dem Körper kommen, kannst du auch die zwei folgenden Alternativen ausprobieren.

Dem inneren Navi verschiedene Möglichkeiten vorschlagen

Ziel: Eine stimmige Antwort zu konkreten Entscheidungsalternativen gewinnen.

Ablauf: Spüre zunächst ganz bewusst deinen Körper und deinen Atem wie bei den vorhergehenden Übungen. Dann schlage deinem inneren Navi nacheinander in Ruhe einige Möglichkeiten vor, die dir in den Sinn kommen. Lasse dem Inneren bei jeder Frage jeweils bis zu einer Minute Zeit, eine innere Resonanz entstehen zu lassen. Wähle die für dich stimmigen Fragen aus:

- Möchte der Stress abgeschüttelt werden oder möchte mein Körper sich bei (lauter) Musik austoben und den Stress so abbauen? ...
- Zieht es mich nach draußen in die Natur oder eher in die Waagerechte? ...
- Ist mir eher nach Spazierengehen oder nach Nichtstun und Ausruhen? ...
- Sehne ich mich nach Stille, nach Alleinsein oder dem Kontakt zu einem lieben Menschen? ...
- Welche Möglichkeit kommt mir sonst noch in den Sinn? ...

Lasse jede dieser Fragen für sich eine Weile in dir wirken ... Stelle dir mit allen Sinnen jeweils konkret vor, du würdest diese Tätigkeit ausüben. Spüre dabei in der Focusing-Haltung in deinen Körper hinein und achte auf deine innere Resonanz ... Erkunde: Wie fühlt sich das in dir an? ... Lasse dir wieder ein paar Atemzüge Zeit ... Wenn es für dich stimmt, erlebst du eine körperliche Erleichterung, ein Aufatmen. Es fühlt sich gut an und deine Stimmung hebt sich, sobald du Klarheit gewonnen hast.

Was hast du erlebt?

Was hast du herausgefunden?

Wenn kein Impuls gekommen ist, kannst du auch Folgendes ausprobieren.

Spielerisch ausprobieren, was und wie es stimmt

Ziel: Wenn du deinem inneren Navi eine Frage stellst und keine Antwort beziehungsweise keinen Impuls erhältst, kannst du spielerisch erkunden, was und wie es für dich richtig sein könnte. Dein Körper weiß die Antwort, die du in deiner inneren Resonanz findest. Um herauszufinden, was für dich stimmig ist, ist es wichtig, deinen Körper zu spüren und dich aus dem FreiRaum heraus in der Focusing-Haltung dem Nichtwissen zu öffnen. Gehe experimentierfreudig damit um. Erkunde dein inneres Erleben unvoreingenommen mit einer großen Neugier. Schenke ihm annehmend, achtsam und absichtslos Aufmerksamkeit.

Ablauf: Beginne mit einer Aktivität, nach der dir gerade ist, oder mit Nichtstun oder Ausruhen oder was dir in diesem Moment einfällt … Spüre in deinen Körper hinein, wie sich das anfühlt … Erkunde spielerisch, was dir guttun könnte und wie es für dich jetzt richtig sein könnte …

Wenn sich irgendetwas schwer, zäh und nicht so gut anfühlt, probiere etwas anderes aus oder ändere etwas an der Art der Aktivität: Variiere deine Haltung, deine Präsenz, dein Energielevel, werde langsamer oder setze eine andere »Brille« auf, mit der du schaust … Entschleunige oder widme dich einem Teilaspekt, der dir leichter fällt und mehr Freude bereitet … Summe, singe, spiele mit dem Tempo, dem Energielevel, den Pausen … Halte inne, wenn etwas nicht stimmt …

Du kannst dich auch fragen: Was möchte geändert werden? … Spüre wieder in deinen Körper hinein und lasse deinem Inneren Zeit wie bei den anderen Experimenten … Erkunde neugierig und offen, ob es sich jetzt stimmig anfühlt … Achte auf deine innere Resonanz.

Was hast du erlebt?

____

____

____

____

____

Was hast du entdeckt und herausgefunden?

____

____

____

Wie fühlt es sich an, wenn du deinen inneren Impulsen folgst?

Kraft- und Ruheinseln im Körper finden – Übungen für Halt, Kraft und Wohlbefinden

Gemäß Gendlin können wir uns jederzeit an den Problemen vorbei wohlfühlen. Glückt es uns, mit einer FreiRaum-Methode einen lebensbejahenden Abstand zu den Problemen und Sorgen des Alltags zu finden, können wir das Steuer in der Hand behalten und zum Zeitpunkt unserer Wahl unsere Probleme im Vollbesitz unserer Fähigkeiten und Kreativität schneller lösen. – Doch wie kann uns das mitten im vollen Alltag, auch während der Arbeit in Kürze gelingen?

Unser Körper ist unser Anker. Über den Körper können wir jederzeit Halt, Kraft und Wohlbefinden finden. Unser Atem ist unsere größte Kraftquelle, die uns dabei unterstützen kann. Beides haben wir immer dabei.

Auch unsere Vorstellungskraft – das Imaginieren – kann uns jederzeit in schwierigen Situationen zu Hilfe kommen, indem wir unsere Aufmerksamkeit gezielt auf etwas Positives und Kraftspendendes lenken. Gehirnforscher haben herausgefunden, dass Gedanken erstaunlicherweise eine ähnliche Wirkung auf unseren Körper haben wie Realsituationen. Wir können einen guten Ort im Körper aufsuchen oder unseren Körper fragen, wie es sich anfühlen würde, wenn unser konkretes Problem gelöst wäre. Wir können uns an einen Wohlfühlort im Körper, in der Welt oder eine Wohlfühlsituation aus unserem Leben erinnern.

Überfluten dich negative Gedanken und starke Emotionen, kannst du die Wirksamkeit der Kurz-FreiRaum-Techniken wie Rausatmen, Rausschütteln, Rausstellen, spielerisch lustvoll ausleben oder Wegschieben verstärken, indem du den Verstand zusätzlich beschäftigst und dir genau vorstellst, welche konkreten belastenden Gedanken, Empfindungen, Probleme, Sorgen und Nöte du abgibst, hinausatmest oder rausschüttelst. Damit erhöhst du die Wirksamkeit der folgenden Kurz-FreiRaum-Techniken. Probiere aus, welche der Methoden dir in welcher Situation einfällt, dir leichtfällt, Freude bereitet und am besten wirkt.

Sobald du bemerkst, dass dir etwas im Erleben zu dicht auf »die Pelle« rückt, dich Probleme, Sorgen, Nöte, unangenehme Gedanken oder Empfindungen zu beherrschen drohen und deine Stimmung in den Keller geht, halte inne und sorge für FreiRaum. Die folgenden »Blitztankstellen« und (Kurz-)FreiRaum-Techniken können dir dabei helfen.

Übungen 

Sich im Körper verankern – in Sekundenschnelle

Ziel: Diese Mini-Übung kann dir helfen, Halt zu finden, insbesondere vor herausfordernden Gesprächen und Situationen, wenn du aufgeregt bist oder Lampenfieber hast. Auch in schwierigen Lebens- und Krisensituationen, in denen du präsent und stabil sein möchtest, kann dir diese Mini-Übung in Kombination mit der Entlastungsatmung (s. S. 21 ff.) schnell helfen.

Ablauf: Nimm dir einen Moment Zeit und kehre mit deiner vollen wohlwollend-freundlichen Aufmerksamkeit zu dir und deinem Körper zurück ... Vielleicht magst du die Augen schließen, um dich besser wahrnehmen zu können ... Lasse deinen Atem fließen ... Spüre ganz bewusst die Berührungspunkte deiner Füße am Boden. Vielleicht magst du deine Fußsohlen etwas hin- und herbewegen, um den Kontakt zum Boden noch intensiver spüren zu können und dich mit dem Boden zu verbinden oder zu »verankern«.

Wenn du sitzt, tut es meist gut, auf den Sitzhöckern etwas hin und her zu ruckeln, um die Kontaktflächen deines Körpers mit der Sitzfläche besser empfinden zu können.

Erlaube deinem Körper, sein ganzes Gewicht und seine Anspannung an die Unterlage abzugeben ... Falls du sitzt, erkunde, ob das Gewicht deines Rückens an die Lehne abgegeben werden möchte ... Gib deine ganze Anspannung, die Lasten deines Körpers sowie alle Lasten und Probleme deines Alltags an den Boden, die Unterlage und Lehne ab, die dich halten und tragen ... Atme gut aus ... Vielleicht löst sich nach und nach etwas in dir und du kannst den Halt des Bodens und der Unterlage ganz bewusst spüren und das genießen ...

Was war für dich hilfreich?

____

____

____

____

Was hat sich verändert?

____

____

____

____

Wie fühlt sich das jetzt an?

____

____

____

Wohlfühlort im Körper finden

Ziel und Nutzen: Mit dieser FreiRaum-Methode kannst du dich innerhalb von zunächst in etwa zehn Minuten »jederzeit an den Problemen vorbei wohlfühlen« (Gendlin): in der Mittagspause, nach Feierabend, bei schlechter Stimmung und Schlaflosigkeit.

Mit etwas Übung kannst du in Stresssituationen, sogar während du einen Vortrag hältst, jemanden begleitest, eine Gruppe oder ein Seminar leitest in Sekundenschnelle deinen Wohlfühlort im Körper aufsuchen und dich dort verankern und stabilisieren.

Ablauf: Suche dir einen guten Platz im Raum ... Finde eine entspannte Liege- oder Sitzposition, in der du dich wohlfühlst ... Erlaube deinem Körper, es sich so gemütlich wie möglich zu machen ... Schließe die Augen, wenn es angenehm ist ... Schenke deinem Körper deine ganze wohlwollende, freundliche Aufmerksamkeit und gestatte dir eine kleine Pause vom Getriebe des Alltags ...

Spüre bewusst, wo dein Körper aufliegt ... Nimm deinen Atemstrom wahr und lass ihn frei fließen ... Frage dich in Richtung Körpermitte: »Wo in meinem Körper fühlt es sich jetzt am angenehmsten, am wohlsten an?« Lass die Frage einige Zeit in dir wirken ... Vielleicht zieht es dich direkt zu einer Stelle, einen Ort in deinem Körper. Häufig dauert es eine ganze Weile ... Dann bist du eingeladen, von den Füßen an in aller Ruhe aufwärts durch deinen Körper zu wandern auf der Suche nach einer Stelle, wo es dich hinzieht, wo es sich angenehm und wohl oder überwiegend angenehm anfühlt ... Lasse alle diejenigen Stellen an dir vorbeiziehen, die sich eher unangenehm anfühlen ... Nimm dir Zeit ...

Wenn es dich nirgendwo hinzieht und dich kein Ort in deinem Körper anlächelt, dann entscheide dich einfach für eine Stelle, einen Ort in deinem Körper, wo es sich gut und angenehm anfühlt ... Sobald du dort angekommen bist, lasse die angenehme Empfindung eine Weile auf dich wirken und genieße die wohlige Qualität ... Erkunde die Wohlfühlqualität deines guten Ortes in aller Ruhe mit allen Sinnen: Wo fängt er an? ... Wo hört er auf? ... Wie ist die Temperatur? ...

Bleibe bei der angenehmen Empfindung und achte darauf, ob Bilder aufsteigen ... Versuche, das wohlige Gefühl mit Worten zu beschreiben: beispielsweise warm, weit oder quicklebendig ... Du kannst dich auch fragen: Wie ist die Stimmung an diesem Ort? ... Und: Was ist das Beste daran? ...

Lasse jede Frage eine Zeit lang in dir wirken und warte in Ruhe ab, was sich zeigt ... Vielleicht kannst du inmitten dieses Gefühls zur Ruhe kommen ... Und vielleicht kannst du diese angenehme Empfindung sich ausbreiten lassen auf den gesamten Körper ...

Abschließend kannst du dich fragen: »Macht das Sinn für mein Leben?«

Meist verweisen die Bilder und Worte auf etwas, was uns der Lösung unserer Probleme näherbringt oder auf das, was mehr Raum benötigt in unserem Leben.

Wie ist es dir ergangen?

____

____

____

____

____

Was hast du erlebt? Was hast du über dich entdeckt?

____

____

____

____

____

____

Macht das Sinn für dein Leben? Was möchte dein Körper dir damit sagen?

____

____

____

____

____

In welchen deiner Alltagssituationen könntest du das gut gebrauchen?

____

____

____

____

Balancependeln (in drei bis 90 Sekunden)

Ziele: Mit dieser Blitztankstelle gewinnst du festen Boden und Halt unter den Füßen. Sie ist besonders wirksam, wenn die Gedanken kreisen oder du aufgewühlt bist. Damit beruhigst du den Atem, deine Gedanken und Gefühle – in erstaunlich wenig Zeit. Die Muskulatur entspannt sich und dein Blutdruck sinkt. So stabilisierst du dich vor und nach schwierigen Situationen, wenn du den Eindruck hast, den Boden unter den Füßen zu verlieren.

Das Balancependeln hat sich in meiner Praxis in den letzten zehn Jahren als eine der wirksamsten und alltagstauglichsten Blitztankstellen herauskristallisiert. Sie ist während der Arbeit, in der Pause, zum Abschalten nach der Arbeit und in deiner freien Zeit anwendbar.

Diese Bewegungsaufgabe lässt sich mit Klientinnen und Klienten, Teilnehmenden in Seminaren und Workshops und auch mit Kindern zu Hause oder in der Schule durchführen.

Ablauf: Konzentriere dich voll auf die Atmung und die Bewegung. Um die optimale Wirkung zu erzielen, ist es ganz wichtig, dass die Bewegung dem Atem folgt und nicht umgekehrt. Vielleicht entdeckst du die kleine Pause des Nichtatmens nach dem Ausatmen, in der sich dein vegetatives Nervensystem beruhigt.

Stelle dich hüftbreit hin und bleibe in den Knien beweglich. Die Füße stehen parallel und fest während der gesamten Übung auf dem Boden. Verlagere jetzt das Gewicht auf das linke Bein, während das rechte Bein fest auf dem Boden stehen bleibt. Atme durch die Nase natürlich und unangestrengt ein und verlagere während des gesamten Atemzugs langsam dein Gewicht auf das rechte Bein … Verharre dort einen Moment, bis du mit leicht geöffnetem Mund ganz ausgeatmet hast. Der linke Fuß behält vollen Bodenkontakt … Warte dort, bis der Einatem von allein wiederkommt …

Erst dann verlagere dein Gewicht auf das andere Bein entsprechend deinem Atemrhythmus … Atme auch dort so lange aus, wie es geht … Warte, bis die nächste Einatmung von allein kommt …

Folge in deinem Tempo deinem Atemrhythmus und pendle wieder mit deinem Gewicht langsam auf das andere Bein … Vielleicht bemerkst du, dass die Ausatmung sich nach und nach verlängert und sich eine kleine Pause des Nichtatmens nach der Ausatmung einstellt, in der sich dein vegetatives Nervensystem beruhigt …

Wiederhole das so lange, bis dein Atem und deine Gefühle sich beruhigt haben, du gelassen geworden bist und deinen Körper gut spürst. Nimm dir einen Moment Zeit, um mit geschlossenen Augen in dich hineinzuspüren und zu erkunden, welche Veränderungen du in dir bemerkst (Pilz-Kusch 2017c, Impulskarte 9, Pilz-Kusch 2017a, Track 11).

Welche Veränderungen entdeckst du in dir?

____

____

____

____

Wie nimmst du deinen Atem, deine Füße am Boden und deine Stimmung wahr?

____

____

____

____

Wie nimmst du deine Gedanken wahr?

____

____

____

____

____

Wie bist du jetzt da? Wie fühlt es sich jetzt in dir an?

____

____

____

____

Kraftquelle Atmung – auch in Kombination mit Mutmachsätzen

Indem du dich achtsam auf deine Atmung konzentrierst, kannst du aus deinem Kopf aussteigen und wieder in Kontakt mit dir selbst kommen. Das bewusste Wahrnehmen des Atems beruhigt und wirkt meist schon entspannend. Wenn du dabei lächelst, werden Glückshormone freigesetzt, dein Herz-Kreislauf-System und dein Stoffwechsel werden angeregt. Negative Verspannungen lösen sich. Bei Stress, innerer Unruhe, Herzrasen, Angst, Aufgeregtheit oder Ärger kann die gezielt verlängerte Ausatmung dir in jeder Situation helfen, deinen Körper, deine Gedanken und Gefühle zu beruhigen – auch im Kontakt mit Menschen. Das fördert die Sauerstoffversorgung, entspannt die Muskulatur und senkt den Stresspegel sowie den Blutdruck.

Indem du zusätzlich den Verstand beschäftigst und deine Probleme, Sorgen und Nöte »rausatmest«, schaffst du FreiRaum, gewinnst einen wohltuenden Abstand und wieder Zugang zu allen deinen Ressourcen. Du kannst dich dann zentriert und gelassen mit neuer Frische deinen Herausforderungen stellen.

Übung 

Stärkungsatmung (drei bis 90 Sekunden)

Ziele: Wenn uns etwas bedrückt oder stresst, atmen wir eher flach oder halten sogar den Atem an. Der Fokus ist meist auf das Negative gerichtet. Wenn du nicht gut drauf bist, unruhig oder niedergeschlagen, kannst du dich über die Atmung mit dir verbinden. Über die verlängerte Ausatmung kannst du deinen Körper, deinen Geist und die Gefühle beruhigen und dich zusätzlich gezielt mit positiver, dein Selbstvertrauen stärkender Energie aufladen. Du kannst die Stärkungsatmung mit stärkenden Mutmachsätzen kombinieren, um dich rascher in einen guten energetischen Zustand zu versetzen.

Ablauf: Finde einen Platz, an dem du dich wohlfühlst. Erlaube deinem Körper, eine entspannte Haltung einzunehmen ... Spüre ganz bewusst die Fußsohlen am Boden, die Berührungspunkte deines Körpers mit der Sitzfläche und der Lehne beziehungsweise der Unterlage, falls du liegst ... Wende deine ganze wohlwollende Aufmerksamkeit deinem Atem zu. Atme durch die Nase natürlich und unangestrengt ein und durch den leicht geöffneten Mund wieder aus ... Nimm achtsam den ganzen Weg des Ein- und Ausatemstroms wahr. Lass den Atem entspannt und frei fließen. Warte, bis die Einatmung von allein wiederkommt ...

Dann beschäftige deinen Verstand und sage dir beim Einatmen: »Einatmend nehme ich frische positive Lebensenergie, Vertrauen, Zuversicht (oder was immer du brauchst: Kraft, Freude, Frieden, Liebe, Gelassenheit, Ruhe, Selbstvertrauen, Vertrauen ins Leben ...) in mich auf.« Beim Ausatmen sagst du dir: »Ausatmend lasse ich die frische positive Energie und das Stärkende sich in meinem ganzen Körper ausbreiten.«

Wiederhole diese Sätze mehrmals und stelle dir dabei genau vor, welche positive Energie du aufnimmst. Atme so lange, bis dein Atem sich vertieft und verlangsamt hat und wie von selbst nach dem Ausatmen eine kleine Pause des Nichtatmens entsteht, in der sich das vegetative Nervensystem beruhigt und du dich etwas erleichtert fühlst. Wähle sowohl beim Einatmen als auch beim Ausatmen die Worte, die konkret zu deiner Situation passen und mit denen du dich gut fühlst.

Du kannst dir zusätzlich folgende Mutmachsätze innerlich sagen. Zum Beispiel:

- Ruhig Blut. Ganz ruhig. Eines nach dem anderen.
- Es findet sich immer eine Lösung.
- Es gibt immer mehr als zwei Möglichkeiten. Ich finde meinen Weg.
- Ich schaffe das.
- Fehler sind menschlich. Ich werde es das nächste Mal besser machen.

Vielleicht möchtest du auch dein Inneres fragen:

- Was könnte das Gute im »Schlechten« sein? ...
- Oder: Was kann ich lernen? ...

Wähle stets einen Satz, der zu dir und deiner Situation passt und lasse deinem Inneren auch immer genügend Zeit, einen Felt Sense entstehen zu lassen.

Wiederhole diese Übung täglich für drei bis 90 Sekunden oder so lange wie du möchtest, um dein Selbstvertrauen und deine innere Stärke aufzubauen.

Was hast du bemerkt? Was hat sich vielleicht verändert? (beispielsweise deine Atmung, deine Stimmung, dein Entspannungszustand ...)

____

____

____

____

____

Wie fühlt es sich jetzt in dir an?

____

____

____

____

Alternativ ist auch die Gelassenheitsatmung (Pilz-Kusch 2017c, Impulskarte 6), die Blitztankstelle »Atme und lächle« (Impulskarte 5) oder die Entlastungatmung (s. S. 21 ff. und Impulskarte 39) möglich.

Eine Frage mit enormer Wirkkraft – die Lösung ganzkörperlich erleben

Wenn du in ein Problem »verstrickt« bist, in einer »vertrackten« Situation oder einer Krise feststeckst und du bedrückt bist, weil du keine Ahnung hast, wie du dieses Problem oder die »Baustelle« in deinem Leben (auf)lösen kannst, kannst du mit einer FreiRaum-Frage, die du deinem Körper stellst, in relativ kurzer Zeit ganzkörperlich eine gefühlte Lösung mit allen Sinnen erleben. Du kannst Hoffnung und Zuversicht schöpfen und deine Stimmung aufhellen.

Übung 

Den Körper nach der gefühlten Lösung fragen

Ziele: Dein Körper kennt erstaunlicherweise sehr genau, wie es sich im Körper anfühlt, wenn sich eine Problematik in Luft aufgelöst hat – egal, wie stark sie sein mag. Wenn du mit einem heftigen Problem, einer Krankheit oder einer scheinbar aussichtslosen Situation konfrontiert bist, die dich bedrückt oder verzweifeln lässt, kannst du dich schnell mithilfe der Körperintelligenz, der Vorstellungskraft und einer FreiRaum-Frage in einen positiven Zustand versetzen und körperlich erleben, wie es sich anfühlt, ohne das Problem zu leben. Dein Körper schenkt dir ein Leitbild, eine Vision mit enormer Zugkraft. Du kannst ein gutes Gefühl, Zuversicht und einen Energie- und Motivationsschub verspüren. Vielleicht magst du dich auch von einer Person mit Focusing-Erfahrung begleiten lassen.

Ablauf: Mache es deinem Körper wieder so gemütlich wie möglich ... Spüre ganz bewusst die Kontaktflächen deines Körpers mit dem Boden und der Unterlage und gib noch ein bisschen mehr an Gewicht und Anspannung an Boden und Unterlage ab ... Lasse deinen Atem fließen und spüre bewusst den ganzen Weg des Ein- und Ausatemstroms ... Du kannst auch zunächst einen guten Ort im Körper aufsuchen ... Frage dich Richtung Körpermitte: »Wie würde es sich anfühlen, wenn dieses Problem irgendwie gelöst wäre?« – Ohne genau zu wissen, wie das gehen kann.

Lasse diese Frage in dir fallen und eine Weile in dir wirken ... Warte in Ruhe ab, welche Bilder, Impulse und Empfindungen in deinem Inneren auftauchen ... Gehe mit allen deinen Sinnen in diese Vorstellung hinein. Stelle dir möglichst konkret vor, wie das wäre: Wie fühlt sich das für dich an? ... Wie wäre dein Gesichtsausdruck, deine Körperhaltung? ... Wie würdest du dich bewegen? ... Was würdest du morgens zuerst tun? ... Wie würde dein Tagesablauf aussehen? ...

Lasse jede Frage nacheinander eine Weile in dir wirken. Warte jeweils ab und lasse dich überraschen, was aus deinem Inneren aufsteigt ... Koste das gute Gefühl aus und genieße es, solange du möchtest.

Zeichne nun mit bunten Stiften das, was du innerlich erlebt hast: mit Farben, Symbolen, als Skizze oder Bildersequenz, auch mit Stichworten, um das zu vertiefen, was du in deinem Körper gefühlt hast. Dein Leitbild wird klarer und wirkt in deinem Körper weiter. Du kannst dir dein Bild immer wieder anschauen, dich erinnern, wo du hin möchtest, dich damit motivieren und deine Stimmung heben, wenn es dir nicht so gut geht.

Kleinste Kraft- und Ruheinseln im Alltag finden

Die Natur ist eine große Kraftquelle für Körper, Geist und Gemüt. Du kannst sie auch im Kleinen ganz bewusst als Ruheinsel nutzen: eine schöne blühende Topfpflanze, ein starker Baum vor deinem Büro, die Schönheit des Himmels oder das frische Grün einer Wiese, das Foto einer weiten Landschaft, das deine Sinne zur Ruhe kommen lässt. Du kannst ganz bewusst frische Luft tanken und dich ans geöffnete Fenster stellen. Erlaube dir, auf dem Weg zur Arbeit, auf dem Heimweg, aber auch während des Arbeitstags, zwischendurch bewusst Kontakt mit der Natur aufzunehmen. Erkunde weitere Kraft- und Ruheinseln in deinem Alltag, die dir guttun.

Übung 

Entdecke kleinste Kraft- und Ruheinseln in deinem Alltag

Ziele: Entdecke neue, auch winzige Kraft- und Auftankinseln in deinem Alltag. Kreiere dir kleinste Rückzugsorte in deinem Umfeld. Gestalte und verschönere sie mit stärkenden und wohltuenden Elementen und Symbolen. Erweitere dein Repertoire und deine Möglichkeiten, in unterschiedlichsten Alltagsituationen und an verschiedenen Orten jederzeit Kraft, Positives und Schönes zu tanken – während und außerhalb der Arbeit, in der Pause, am Feierabend, am Wochenende und im Urlaub. Gehe gezielt auf Spurensuche.

Ablauf: Eine Möglichkeit ist, es dir und deinem Körper gemütlich zu machen und vor deinem inneren Auge verschiedene Situationen aus deinem Leben Revue passieren zu lassen, um neue Kraft- und Auftankinseln in deinem Alltagsleben zu entdecken ...

Alternativ kannst du dich direkt in deinem Alltag auf Entdeckungsreise begeben und dich selbst mit wohlwollend-freundlichen Augen beobachten. Sei experimentier- und entdeckerfreudig. Suche nach Dingen, die deine Sinne erfreuen, deinem Körper guttun und dein Gemüt erhellen: zu Hause, unterwegs, in der Natur, in deinem menschlichen Umfeld, morgens im kuschelig warmen Bett, im Bad, beim Frühstück, auf dem Weg zur Arbeit, in deinem unmittelbaren beruflichen und privaten Umfeld.

- Was erfreut deine Sinne, deinen Körper und dein Gemüt? ...
- An welchen Orten entdeckst du kleine Kraftinseln, die deinem Körper, Herzen und Geist guttun?
- Was inspiriert und energetisiert dich in der Arbeit, in der Pause, draußen und in der Natur?

Richte gezielt deine Aufmerksamkeit auf etwas, das dir Freude bereitet und verweile mit jeder einzelnen Frage eine Zeit lang.

Was lässt dein Herz höher schlagen? ... Was spornt deine Kreativität an? ... Was lässt dich entspannen, dich wohlfühlen und die Arbeit vergessen? ... In welchen Tätigkeiten gehst du auf? ... Was kannst du so richtig mit allen Sinnen genießen – und sei es nur für einen kurzen Moment? ... Mit welchen Menschen fühlst du dich wohl, bei denen du so sein kannst, wie du bist? ... Welche Begegnungen empfindest du als unterstützend und nährend?

Spüre in dich hinein, wie gut und stimmig es sich jeweils anfühlt ... Achte darauf, dass du dich bei deiner Entdeckungsreise körperlich spürst und FreiRaum hast. Begegne deinem inneren Erleben unvoreingenommen in der annehmenden, absichtslosen und achtsamen Focusing-Haltung ... Öffne dich dem Nichtwissen.

Was erfreut deine Sinne, deinen Körper und dein Gemüt – im Bett, im Bad, beim Frühstück, auf dem Weg zur Arbeit, in deinem unmittelbaren menschlichen und beruflichen Umfeld, in der Natur?

____

____

____

____

____

An welchen Orten entdeckst du kleine winzige Kraftinseln, die deinem Körper, Herzen und Geist guttun?

Was inspiriert und energetisiert dich in der Arbeit, in der Pause, draußen?

Was lässt dich entspannen, dich wohlfühlen und die Arbeit vergessen?

Was kannst du so richtig mit allen Sinnen genießen – und sei es nur für einen kurzen Moment?

____

____

____

____

Bei welchen Menschen fühlst du dich wohl und kannst so sein, wie du bist?

____

____

____

____

Welche Begegnungen empfindest du als unterstützend und nährend?

____

____

____

____

____

Einen gesunden Rhythmus finden, Grenzen erspüren und inneren Impulsen folgen

Wir sind wie Pflanzen und Tiere rhythmische Wesen. Darauf wies kürzlich auch der Chefarzt einer Klinik für Seelische Gesundheit in Dortmund Professor Dr. Harald Strauß in einer Gesundheitszeitschrift hin

(Securvital 4/2022, S. 7 ff.). Er betonte, dass der Mensch ein zutiefst rhythmisches Wesen sei und wie bedeutend dies gerade im Zeitalter der Digitalisierung geworden ist. Die ständige Verfügbarkeit durch Internet und Smartphone stelle für viele eine Überforderung dar. Vieles in der digitalen Welt arbeite gegen unsere natürlichen Rhythmen, die für unsere Gesundheit so wichtig sind. Besonders angesichts der Tatsache, dass die durchschnittliche Bildschirmzeit laut der Postbank-Jugend-Digitalstudie 2021 bei 16- bis 18-Jährigen durchschnittlich 70,4 Stunden pro Woche beträgt, benötigen wir für eine gesunde Balance Pausen und Zeiten ohne die Beschäftigung mit digitalen Medien. Nur so können wir gut schlafen, uns wirksam regenerieren und die wichtigen Signale unseres inneren Navis wahrnehmen. Zusätzlich zum eigenen Rhythmus ist es wichtig, die eigenen Grenzen wahrzunehmen, sie zu respektieren und auf den Körper zu hören. Um herauszufinden, was am besten für dich passt, erkunde folgende Experimente.

Übungen 

Finde deinen gesunden Rhythmus

Ziele: Du kannst dieses Erkundungsexperiment während und außerhalb der Arbeit, am Feierabend, am Wochenende und im Urlaub durchführen. Indem du auf deine inneren Rhythmen achtest, sorgst du für deine Balance, arbeitest energievoller und produktiver, schläfst besser und vermeidest Zeit- und Energieverluste. Du kannst gezielt erkunden, wann dein Körper und/oder dein Geist nach einer (Mini-)Pause verlangen und sie zulassen. Außerdem kannst du die Anforderungen an dein Gehirn, deinen Körper und deine Seele durch einen rhythmisierenden Aktivitätswechsel variieren, um mehr Leichtigkeit und Freude in deinen Arbeitsalltag zu bringen.

Um deine inneren Rhythmen herauszufinden und zu erspüren, ist es wichtig, deinen Körper bewusst wahrzunehmen und dich aus dem FreiRaum heraus in der Focusing-Haltung dem Nichtwissen zu öffnen. Stehe also deinem inneren Erleben unvoreingenommen gegenüber und schenke deiner inneren Resonanz annehmend, achtsam und absichtslos deine ganze freundlich-wohlwollende Aufmerksamkeit.

Ablauf: An einem Tag, an dem wenig zu tun ist, beginne mit einer etwas anspruchsvolleren Tätigkeit wie beispielsweise dem Verfassen eines Konzepts oder Gutachtens im Büro oder mit einer Gartenarbeit zu Hause. Bevor du startest, spüre zunächst eine Weile ganz bewusst deinen Körper – die Kontaktflächen mit dem Boden und der Unterlage. Lasse deinen Atem fließen. Begleite dich während der Tätigkeit freundlich-fürsorglich aus der Beobachterposition.

Sobald deine Energie oder Motivation etwas nachlässt, halte inne und gönne dir eine Mini-Pause oder wechsle zu einer anderen Aktivität, die dein Gehirn, deinen Körper und dein Herz anders beansprucht. Beispielsweise kannst du telefonieren, aufräumen oder dir einen Tee kochen. Du kannst in dich hineinspüren und dein inneres Navi fragen: Wonach ist mir jetzt? ... Oder: Nach welcher Tätigkeit ist mir jetzt? ... Was fühlt sich im Moment stimmig an? ... Was täte mir jetzt gut? ...

Wähle die Fragen aus, die dir jetzt entsprechen und lasse sie jeweils mehrere Sekunden in dir nachklingen ... Du kannst auch etwas anfangen und in dich hineinspüren, ob es sich gut anfühlt. Wenn nicht, probiere etwas anderes aus. Sobald deine Motivation und Energie wieder etwas sinken, höre auf. Gönne dir eine Pause. Geh dem nach, was dir Freude bereitet. Sobald deine Arbeitslust zurückkommt, nimm deine unterbrochene Aktivität wieder auf. Schaue, ob sich das stimmig anfühlt. Erkunde, wie dein Atemrhythmus dir helfen kann, deinen gesunden Rhythmus zu finden (Pilz-Kusch 2017a, Impulskarte 59).

Was hast du über dich entdeckt?

____

____

____

____

____

____

Wie fühlt es sich an, wenn du auf deine inneren Rhythmen hörst und ihnen folgst?

____

____

____

____

____

____

Grenzen erspüren

Ziele: Damit du lernst, deine Grenzen frühzeitig zu bemerken und zu achten, lade ich dich zu folgendem Erkundungsexperiment ein. Du kannst es während und außerhalb der Arbeit durchführen, wenn andere Menschen dich anrufen oder persönlich etwas von dir wollen, bevor du dir selbst zu viele, auch reizvolle Aktivitäten, Verabredungen und Fortbildungen auflädst und dadurch später unter Druck gerätst. So gelingt es dir, deinem Inneren treu zu bleiben und keine vorschnellen Zusagen zu machen.

Ablauf: Spüre wieder deinen Körper und deinen Atem und lasse überflüssige Anspannung los ... Bevor du dich beim nächsten Mal mit zu vielen begrenzt reizvollen Aktivitäten oder interessanten Verabredungen und Fortbildungen überforderst und später unter Druck gerätst, halte einen Moment inne, atme gut durch und gestatte dir, einen Moment zu schweigen ... So kannst du in Ruhe deinen Körper befragen: Wie kann ich mir am besten eine Bedenkpause erbitten? ... Oder du kannst dich auch fragen, ob es passt zu sagen »Einen Moment bitte ...« oder »Ich rufe gleich zurück«?

Erlaube dir, einen Augenblick bewusst zu atmen ... Lasse dem Inneren etwas Zeit ... Spüre eine Weile in deinen Körper hinein, wie sich das für dich anfühlt, wenn du dieses Projekt, diese Aufgabe, Verabredung oder Verpflichtung zusätzlich übernimmst oder eine Fortbildung zusagst, die dich in zeitliche Engpässe bringen könnte ... Frage deinen Körper beispielsweise: Will ich das? ... Habe ich die Kraft und Zeit dazu? ... Fühlt sich das für mich stimmig an? ... Wenn ja, wann passt es für mich?

Befasse dich der Reihe nach mit diesen Fragen. Lasse dir jedes Mal mit der Antwort Zeit. Gehe vor deinem inneren Auge in die Vorstellung hinein, als würdest du zusagen. Scanne die einzelnen Schritte der Reihe nach grob ab, die auf dich in der Vorbereitung, Durchführung und Nachbereitung zukommen ... Stelle dir das mit allen Sinnen vor und spüre in deinen Körper hinein ... Wie fühlt sich das im Körper an? ... Lasse dem Inneren Zeit ...

Du kannst dich auch fragen: »Welche Auswirkungen hätte das für meine Arbeit, mein Leben und mein berufliches und privates Umfeld?« ... Wandle die Fragen gegebenenfalls so ab, dass es für dich passt ... Warte in Ruhe deine innere körperliche Resonanz ab, bis du einen klaren Impuls bekommst ...

So gelingt es dir, nicht vorschnell zu reagieren. Du musst dich nicht verbiegen und dir zu viel zumuten, um die Erwartungen anderer zu erfüllen. Du brauchst auch nicht deinen inneren Vorschriften und vielleicht überhöhten Ansprüchen folgen, die dich überfordern könnten. Probiere aus, einen Moment innezuhalten und dir zu gestatten, einen Moment zu schweigen ...

Klopfe dir innerlich auf die Schultern, falls du dich getraut hast, einen Moment innezuhalten und dir eine »Bedenkpause« zu erbitten.

Wie hast du das innerlich erlebt?

Was hast du entdeckt?

Wie hast du dein Gegenüber wahrgenommen?

Wie hat sich das auf dich, auf deine Arbeit und dein menschliches Umfeld ausgewirkt?

Was möchtest du auf deine Arbeit und dein Leben übertragen und dort ausprobieren?

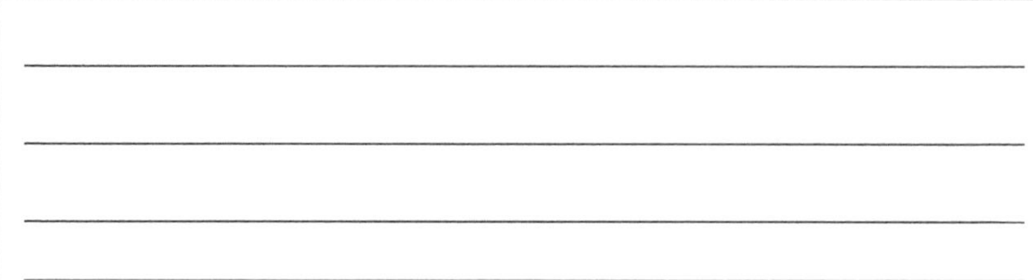

Deinen inneren Impulsen folgen

Ziel: Ziel dieses Erkundungsexperiments ist es, dich zu üben, die Impulse deines inneren Navis wahrzunehmen, dich ihnen anzuvertrauen und zu erleben, wie großartig und fein dein Organismus signalisiert, was deinem Körper und deiner Seele guttut. Je öfter du dieses Experiment wiederholst, umso stärker trainierst du deinen inneren Achtsamkeitsmuskel und entwickelst ein feineres Gespür für die Signale deines inneren Navis.

Ablauf: Möchtest du ausprobieren, wie es sich anfühlt, den Impulsen deines Inneren zu folgen? Wähle nach Möglichkeit einen terminfreien Tag am Wochenende oder im Urlaub oder eine entspannte Situation nach einem möglichst stressfreien Tag, um deine inneren Impulse zu erforschen und dich von ihnen leiten zu lassen.

Eine gute Gelegenheit ist, morgens beim Aufwachen zu starten, wenn du noch nicht ganz wach bist und bevor dein Kopf anfängt zu rattern. Schenke dir deine volle freundliche Aufmerksamkeit. Erlaube dir, entspannt und wach liegen zu bleiben und gespannt zu sein, wann welcher Impuls aus deinem Körper kommt. Vielleicht verspürst du das Bedürfnis, dich noch einmal auf die Seite zu drehen oder dich genüsslich zu räkeln und zu dehnen. Vielleicht möchtest du dich umschauen oder nach innen gehen, deinem inneren Erleben freundlich Gesellschaft leisten ... Sei gespannt, was du entdeckst ... Begrüße alles, was auftaucht ... Warte ab, wann die Augen sich öffnen möchten ... Vielleicht steigt dann ein Impuls aus deinem Inneren auf, in Ruhe aus dem Fenster zu schauen, zu träumen, dir ein Getränk ans Bett zu holen oder etwas zu lesen ... Lasse dich überraschen und achte auf deine innere Resonanz ...

Was hast du erlebt?

Wie hat sich das angefühlt?

Was hast du herausgefunden?

Welche Erfahrung möchtest du in deinem privaten oder beruflichen Umfeld ausprobieren?

Übungsvariante: Sich beim Tanzen den Impulsen des Körpers anvertrauen

Ablauf: Wähle intuitiv eine Musik aus, die dich anspricht und dir gefällt. Erfahrungsgemäß eignet sich für dieses Erkundungsexperiment eine Komposition mit einem nicht zu flotten, variantenreichen, wechselnden Rhythmus. In meiner Praxis nutze ich dafür gern eine Fünf-Rhythmen-Musik der bewegten Achtsamkeitspraxis von Gabrielle Roth, beispielsweise Initiation, Body Jazz.

Wenn es dir behagt, schließe zu Beginn oder auch länger die Augen, um dich ganz auf deinen Körper und seine Impulse konzentrieren zu können. Nimm ganz bewusst die Füße am Boden wahr ... Du kannst zunächst deinen Füßen die Regie überlassen und ausprobieren, was deinen Füßen guttut ...

Dann kannst du erkunden, wie dein Körper aufgerichtet werden möchte und welche Bewegungen sich für dich stimmig anfühlen ... Überlasse deinem Körper die Regie. Warte in Ruhe ab, welche Impulse aus deinem Körper kommen. Es ist meist leichter, die feinen Impulse wahrzunehmen, wenn du dich langsamer zur Musik bewegst und zwischendurch anhältst ... Spüre in deinen Körper hinein ... Experimentiere spielerisch mit unterschiedlichen Bewegungen und erkunde, welche deinem ganzen Körper und dir guttun und sich gut anfühlen.

Sobald sich etwas nicht mehr stimmig anfühlt, halte an. Spüre in deinen Körper hinein und warte in Ruhe ab, bis der nächste für dich stimmige Impuls aus deinem Körper kommt ...

Solltest du nichts bemerken, probiere einfach intuitiv eine Bewegung aus, die dir in den Sinn kommt. Spüre in den Körper hinein, wie es sich anfühlt ...

Sobald ungute Gefühle auftauchen, ändere etwas: Spiele mit dem Energielevel, mit kleineren und größeren, langsameren und flotteren Bewegungen, probiere Zeitlupe aus und alles, was dir Freude und

Spaß macht, dir und dem Körper guttut ... Lass deiner Fantasie freien Lauf ... Je langsamer du die Bewegungen ausführst, desto leichter kannst du entdecken, was und wie es sich stimmig und lustvoll anfühlt ... Viel Freude wünsche ich dir.

Was hast du innerlich erlebt?

____

____

____

____

Was hast du körperlich, gefühlsmäßig und stimmungsmäßig bemerkt?

____

____

____

____

Was hast du über dich entdeckt?

____

____

____

____

____

Wie war das für dich?

____

____

____

Was möchtest du mitnehmen in deinen privaten oder beruflichen Alltag und dort ausprobieren?

Was könntest du beruflich oder privat mal ausprobieren – allein oder mit anderen?

Leichter leben ohne Selbstoptimierung und Perfektionismus

Fühlst du dich manchmal gestresst, weil du zu hohe Ansprüche an dich selbst hast? Setzt du dich manchmal unter Druck, weil du zu viel von dir forderst? Nach der TK-Stressstudie 2021 sind die beiden Top-Stressoren für Deutsche die Arbeit und an zweiter Stelle die hohen Ansprüche an uns selbst. Wie wäre es, wenn dein Leben sich leichter anfühlen würde, indem du dir erlaubst, in manchen Bereichen unperfekt zu sein und dir auch mal Unzulänglichkeiten und »Fehler« zu gestatten? Gut ist in den meisten Fällen gut genug. Gehen wir hart mit uns selbst ins Gericht, so legen wir meist bei unseren Mitmenschen – privat wie beruflich – ebenfalls strenge Maßstäbe an. Wenn wir lernen, freundlicher und nachsichtiger mit uns selbst umzugehen, gelingt uns dies auch eher in unserem privaten und beruflichen Umfeld.

Solltest du dir mit dem Anspruch, alles richtig und perfekt zu machen, das Leben erschweren, könnte das nächste Experiment eine spannende Erfahrung für dich bereithalten und zu einem freundlicheren Miteinander beitragen.

Übung 

Freier und freudvoller – mit weniger und unperfekt spielen

Ziel: Sich von zu hohen Ansprüchen, belastendem Perfektionismus und unnötigem Druck befreien, es sich leichter machen, freundlicher mit sich sein und freier werden – in Zeiten erhöhter Anforderungen.

Ablauf: Probiere an einem Tag, an dem du nicht sehr gefordert bist – beispielsweise am Wochenende – spielerisch-lustvoll aus, wie es für dich ist, dir einen Tag lang zu erlauben, unperfekt zu sein, dir gezielt vorzunehmen, etwas Unperfektes zu tun, das dir leicht von der Hand geht und dir Spaß bereitet.

In welchen Bereichen kannst du dich unperfekt verhalten und einfach einmal etwas anderes ausprobieren? Beispielsweise beim Aufstehen, im Bad, beim Anziehen, beim Frühstück und Essen zubereiten, beim Tischdecken und Aufräumen, bei der Hausarbeit oder handwerklichen Tätigkeiten, beim E-Mail-Schreiben dir mal einen Rechtschreibfehler erlauben, bei der Gymnastik, beim »An die frische Luft«-Gehen oder beim Sport, im Kontakt zu anderen, wenn du Gäste einlädst oder ausgehst. Bei welchen deiner Tätigkeiten reicht es, wenn du sie gut statt 100 Prozent korrekt ausführst? ... In welchen Bereichen kannst du dich entlasten, indem du die Ansprüche senkst, dir weniger vornimmst, einen Termin absagst oder verschiebst, wenn es nicht passt oder zu viel wird? Lasse dich von den genannten Beispielen lediglich inspirieren.

Wähle das aus, was dir einfällt und deine Experimentierfreude weckt ... Spüre dabei in deinen Körper hinein und achte auf deine innere Resonanz. Wie fühlt sich das im Körper an? ... Wo genau spürst du, wie sich das innerlich anfühlt? ... Spiele damit, deine Ansprüche bei verschiedenen Tätigkeiten zu senken, dir mehr Erlaubnisse zu geben und Unzulänglichkeiten zu gestatten ...

Erkunde, wie sich das auf dein inneres Erleben auswirkt ... Nimm dir jeweils etwas Zeit, mit deiner freundlich-erkundenden Focusing-Haltung in deinen Körper hineinzuspüren, um in Ruhe dein inneres Erleben sowie deine innere Resonanz dabei ganz bewusst zu erkunden ... Was macht sich in deinem Körper bemerkbar? ... Wo genau? ... Wie ist das für dich? ... Wie fühlt sich das an? ... Lass die Fragen jeweils eine Weile in dir wirken ...

Was hat gut geklappt und Spaß gemacht?

____

____

____

____

____

Was hast du erlebt?

____

____

____

____

____

____

Wie hat sich das im Körper angefühlt? Wie warst du innerlich gestimmt?

____

____

____

____

Was hast du entdeckt?

____

____

____

____

____

In welchen persönlichen oder beruflichen Bereichen möchtest du deine Ansprüche senken und dir mehr Erlaubnisse geben, weniger perfekt zu sein, um dich nicht auszupowern?

____

____

____

____

____

Welche konkrete Kleinigkeit möchtest du dir für deinen nächsten Arbeitstag vornehmen?

____

____

Den Fokus auf das Positive und Voranbringende richten

Du hast es in der Hand, mit welcher Brille du auf dich, auf andere und auf das schaust, was du erlebst. Und: Du hast es in der Hand, deine Aufmerksamkeit gezielt auf das zu richten, was dir sowie im Miteinander guttut, was dich einer Lösung näher- und dich weiterbringt. Es ist gerade in unberechenbaren, krisenhaften Zeiten eine Herausforderung, sich nicht von negativen Schlagzeilen, von begrenzt reizvollen Zeitgenossen runterziehen und stressen zu lassen. Wenn wir »unter Strom« sind, neigt unser Fokus unbewusst dazu, sich auf das Negative zu richten, anstatt auf den nächsten Schritt und auf das Weiterbringende zu schauen. Dann blicken wir eher auf den Berg als auf den nächsten kleinen Schritt.

Umso wichtiger ist es, immer wieder in Kontakt mit den eigenen Stärken zu kommen, den eigenen Fokus auf das zu lenken, was gut ist, was wir geschafft haben, auf das Schöne, die Fülle und das Positive – bei sich und bei anderen. Dankbarkeit gibt so viel Kraft – gerade in herausfordernden Zeiten.

Die meisten von uns haben vorgelebt bekommen und gelernt, sich selbst und andere kritisch zu betrachten und stärker auf die Defizite und das zu schauen, was noch nicht erledigt oder nicht gut genug ausgeführt ist. Wie viel mehr positive Energie und Freude gewinnen wir, wenn wir unser Augenmerk auf die Stärken richten und auf das, was gut klappt und voranbringt.

Mit dem ersten Erkundungsexperiment kannst du erkunden, wie du deine nächsten Begegnungen freudvoller gestalten kannst. Im zweiten geht es gezielt um Personen, mit denen du bisher Schwierigkeiten im Umgang hattest. Bei der dritten Übung erforsche, was dir Freude und Genuss verschafft. Entdecke, wie spannend, lustvoll und humorvoll es sein kann, wenn es dir gelingt, selbst zu einem entspannteren und fruchtbareren Miteinander beizutragen.

Erkundungsexperimente 

Positives im Miteinander kultivieren

Ziele: Anderen mit Wertschätzung begegnen, von anderen lernen, den Fokus auf das Positive im Zusammensein mit anderen legen, besser mit anderen klarkommen, selbst zu einem positiven Miteinander beitragen, sich üben in einer wohlwollend-freundlichen Haltung unseren Mitmenschen gegenüber. Unsere Haltung »strahlt« und färbt ab, wenn wir jemanden eher skeptisch oder kritisch »beäugen«.

Ablauf: Probiere bei deinen nächsten Begegnungen aus, wie es für dich ist, dein Gegenüber in der Focusing-Haltung mit wohlwollend-freundlichen Augen anzuschauen. Dieses Experiment ist besonders erkenntnisreich, wenn du es bei Menschen anwendest, die für dich im Alltag eine Herausforderung darstellen. Bereite dich darauf innerlich vor, spüre deinen Körper und sorge für Freiraum.

Erforsche gezielt neugierig interessiert, was du Positives an deinem Gegenüber entdecken kannst. Erkunde, was du von dieser Person lernen kannst und was sie besser beherrscht als du. Lass dich überraschen, was du erlebst und wie die Begegnung verläuft.

Lasse die Person in der Focusing-Haltung eine Weile auf dich wirken ... und frage dich innerlich:

- Was nimmst du wahr, was dir gefällt?
- Was beherrscht diese Person gut?
- Was kann ich von meinem Gegenüber lernen?
- Was kann sie besser als ich?

Achte auf deine innere Resonanz ...

Wie ist es dir ergangen? Was hast du innerlich erlebt?

Was hast du Positives bei deinem Gegenüber entdeckt? Was kannst du von der Person lernen?

Was kann sie besser?

Wie kannst du die Erfahrung auf deinen Alltag übertragen?

Wie kannst du dazu beitragen, das Positive in deinem Team, in deiner Einrichtung, deiner Praxis oder deiner Firma und in deinem beruflichen Umfeld kultivieren – ebenso wie in deinem privaten Umfeld?

Projekt Traummensch

Ziele: Den Umgang mit herausfordernden Mitmenschen erleichtern, das Zusammensein gelassener, lockerer und freudvoller gestalten, Freude und möglicherweise mehr Klarheit in das Miteinander bringen.

Sollte es in deinem näheren Umfeld Menschen geben, beispielsweise Lebensgefährten, Expartnerinnen oder Expartner, eigene Kinder, Schwiegertöchter oder -söhne, andere Verwandte, denen du auf Familienfesten begegnest, Chefs oder Chefinnen, bei denen es dir schwerfällt, mit manchen Verhaltensweisen und Eigenarten umzugehen, oder wenn ungeklärte Konflikte dich im Umgang mit diesen Menschen belasten, kann dieses Experiment dir Erleichterung, überraschende Erkenntnisse und Freude verschaffen. Dabei kannst du dich üben, mit einer Prise Humor gelassener und souveräner mit diesen Mitmenschen umzugehen und deinen Beitrag zu einem entspannteren und positiven Miteinander zu leisten. Möglicherweise kannst du dadurch auch mehr Klarheit in deine Beziehungen bringen.

Ablauf: Vor der nächsten Begegnung mit dieser Person wende dich zunächst mit deiner wohlwollend-freundlichen Aufmerksamkeit dir und deinem Körper zu. Spüre ganz bewusst die Kontaktflächen mit dem Boden und der Unterlage, sorge für FreiRaum und norde dich innerlich darauf ein, dir vorzustellen und dich so zu verhalten und zu sprechen, als ob diese Person dein Traumpartner, deine Traum-Exfrau, deine Traum-(Schwieger)Tochter oder dein Chef oder deine Chefin wäre, die alles verkörpert, was du dir von dieser Beziehungsperson wünschst. Erkunde spielerisch und so freudvoll wie möglich in der offen, unvoreingenommenen Focusing-Haltung, wie du bei der nächsten Begegnung bewusst alles an Freundlichkeit, Entgegenkommen, an Nachsicht, Mitgefühl und Verständnis in die Waagschale werfen kannst, ohne dich anzustrengen oder zu verbiegen. Suche gezielt nach positiven Aspekten bei deinem Gegenüber, die dir auffallen, die sie besser beherrscht als du und von denen du lernen kannst. Achte auf deine Gedanken, auf deine innere Resonanz und wie sich eure Beziehung anfühlt.

Wie war das für dich? Was hast du erlebt?

____

____

____

____

____

Was war anders in der Begegnung?

____

____

____

____

____

Was hast du Positives an deinem Gegenüber entdeckt?

Was lernst du daraus und was möchtest du dir für andere Begegnungen vornehmen?

Freude und Genuss – wirksame Gegenmittel bei Stress

Ziel: Freude und Genuss sind hervorragende Gegenspieler zum Stress. Sie sind nicht nur sehr effektive Mittel gegen Stress, sondern sie machen auch noch viel Spaß. Du benötigst dafür deutlich weniger Zeit, als du vielleicht denkst. Wie wäre es, wenn du dich auf eine Entdeckungsreise begibst? Erkunde, wie du Freude in deinen Alltag hineinbringen kannst ... Du brauchst dafür nicht viel Zeit einkalkulieren ... Du kannst deine innere Suchmaschine zwischendurch befragen oder in aller Ruhe im Alltag erkunden, welche kleinen Dinge dir Freude und Genuss in deinem Alltag bereiten.

Ablauf: Du kannst zu Beginn des Arbeitstags, zwischendurch und sobald du angespannt bist, dich anstrengst und es dir schwer machst, mit deiner wohlwollend-freundlichen Aufmerksamkeit zu dir und deinem Körper zurückkehren, für FreiRaum sorgen und dein inneres Navi fragen: Wie kann ich Freude in meine Tätigkeit hineinbringen?

Gib deiner inneren Suchmaschine etwas Zeit und warte neugierig interessiert und unvoreingenommen ab, welche Impulse aus deinem Innersten aufsteigen ... Du kannst auch fragen: Wie kann ich es mir leichter machen? ... Oder: Wie kann ich es mir schön und genussvoll gestalten?

Wähle die Frage, die zu deiner Situation passt und warte jeweils in der Focusing-Haltung in aller Ruhe ab, ob und was für eine Idee oder ein Impuls aus dir aufsteigt ...

Was erfreut deine Sinne – beim Blick aus dem Fenster, in deinem Arbeitszimmer, draußen in der Natur, beim Arbeiten auf der Terrasse oder dem Balkon? ... Wie kannst du ganz gezielt deine Aufmerksamkeit lenken auf das, was deine Sinne erfreut und dich zum Lächeln bringt? ... Wie kannst du dir kleine Momente des Genusses und der Freude in deinen Alltag einbauen? ...

Schon das bewusste Trinken einer Tasse Tee, die du in aller Ruhe genießt, hilft gegen Anspannung und Stress.

Welche Ideen und Impulse sind in dir aufgetaucht?

____

____

____

____

____

Was könntest du in Zukunft in deinen Alltag »einbauen«?

____

____

Welche Kleinigkeit nimmst du dir in einem ersten Schritt konkret vor, um mehr Freude in deinen Alltag hineinzubringen?

Erinnerst du dich? Wenn du auf deine Frage(n) keine »Antwort« aus deinem inneren Navi erhältst, kannst du auch dem Inneren Vorschläge unterbreiten und auf deine innere Resonanz achten oder etwas ausprobieren, was dir einfällt und dann in deinen Körper hineinspüren, wie sich das anfühlt. Sobald sich unangenehme Empfindungen breit machen, kannst du wieder etwas ändern.

Unter Druck stimmig handeln und entscheiden

Wie kannst du in Situationen, in denen du dich unter Druck fühlst – sei es durch einen zeitnahen Abgabetermin, sei es, dass dir alles zu viel ist oder du dich in einem »vertrackten« Gespräch, Seminar oder Coaching befindest – in Übereinstimmung mit deinem Inneren handeln und entscheiden? Erinnerst du dich? Unter Strom, Druck oder Stress hast du keinen Zugang zu deinem Innersten. Probiere im folgenden Erkundungsexperiment aus, wie es dir gelingen kann, auf die Schnelle in den Körper zu kommen, aus schädigenden Stressmustern auszusteigen und mithilfe deines Inneren herauszufinden, was jetzt wirklich hilft und dich weiterbringt.

Übungen 

Was bringt dich in herausfordernden Situationen voran?

Ziel: In herausfordernden Drucksituationen stimmig handeln und entscheiden. Probiere aus, wie du aus schädigenden, kraftraubenden Stressmustern und Negativität aussteigen kannst, wie du leichter und kreativer Lösungs- und Entscheidungsschritte findest und gezielt herausfindest, was dich wirklich voranbringt.

Ablauf: Sobald du bemerkst, dass du unter Druck oder in »Panik« gerätst, dich in negativen Gedanken, Gefühlen oder Details verlierst, steige aus den schädlichen automatisierten Stressmustern aus, indem du dir innerlich sagst: »Stopp!«

Kehre mit deiner wohlwollend-freundlichen Aufmerksamkeit zu dir und deinem Körper zurück. In einem Gespräch oder Meeting bleibe mit der Hälfte deiner Aufmerksamkeit bei den Gesprächspartnern, mit der anderen Hälfte kümmere dich um dich, um »abzukühlen« und FreiRaum zu gewinnen. Förderlich ist, den Blick zu senken und dein Gegenüber nicht direkt anzusehen, um dich auf dich besinnen zu können. Spüre beispielsweise ganz bewusst die Füße am Boden und die Berührungspunkte deines Körpers mit deiner Sitzfläche. Versuche, die Ausatmung gezielt zu verlängern, um so über die vertiefte Atmung deine Gedanken, deine Gefühle und deine angespannte Muskulatur zu beruhigen. Falls du ungestört bist, kann die stoßweise verlängerte Ausatmung dir rascher Erleichterung verschaffen …

Sollte das nicht fruchten, probiere aus, ob das Rausschütteln, Rausstellen oder Partialisieren dir FreiRaum verschafft … Vielleicht kannst du auch den Raum verlassen, dir das Balancependeln oder ein paar Schritte gönnen, um wieder Boden unter den Füßen zu gewinnen. Wenn du mit anderen zusammen bist, kann ein Toilettengang deine »Rettung« sein …

Sobald du bei dir, in deinem Körper angekommen bist, dich spürst und für FreiRaum gesorgt hast, kannst du mit den folgenden Fragen experimentieren, sie in dir fallen und jeweils eine Weile wirken lassen.

Suche dir die Fragen aus, die zu deiner Situation passen und dich ansprechen.

- Was ist jetzt nötig oder hilfreich sein, damit ich ruhiger werde und wieder in meine Kraft komme? ...
- Was könnte ich jetzt gut brauchen? ...
- Was stärkt mich jetzt? ... Oder: Was täte mir jetzt gut? ...

Warte in Ruhe – wieder bis zu 60 Sekunden – ab, bis ein Impuls oder eine Antwort kommt.

Alternativ kannst du auch das Unklare der ganzen Situation eine Weile auf dich wirken lassen und in der Focusing-Haltung abwarten, was das Ganze in deinem Körper auslöst ... Dann setze in einem zweiten Schritt deine innere Suchmaschine zunächst mit ein bis drei Fragen in Gang, die dich ansprechen und zu deiner Situation passen ... Lasse jede Frage wieder in der Focusing-Haltung nacheinander eine Weile in dir wirken, bis ein Impuls oder eine »Antwort« aufsteigt ...

- Was möchte verändert werden? ... Oder: Was habe ich in der Hand, um die Situation zum Positiven zu verändern? ...
- Wie kann ich mich entlasten? ... Wie kann ich es mir leichter machen? ... Was kann ich vereinfachen?
- Was kann ich streichen, absagen oder verschieben? ... Wie kann ich meine Ansprüche senken?
- Was ist jetzt wirklich wichtig? ...
- Was könnte ein kleiner guter Schritt sein? ...

Du kannst auch direkt fragen:

- Was ist denn jetzt wirklich, wirklich wichtig? ... Und: Was bringt mich jetzt am besten voran? ...
- Und auch: Wohin geht jetzt meine Energie? ... Oder auch: Was würde mir jetzt Freude bereiten? ...

Lasse die jeweilige Frage in dir nachklingen und dich überraschen, welche Resonanz du in dir spürst ... Lasse dem Inneren wieder genügend Zeit ... Wo genau spürst du eine innere Resonanz in deinem Körper? ... Was genau nimmst du wahr? ... Wie fühlt es sich an? ... Beobachte dein inneres Erleben in der Focusing-Haltung: achtsam, annehmend, absichtslos ...

Was war für dich hilfreich und hat »gefruchtet«?

Was hast du erlebt?

Was hast du herausgefunden?

Was möchte zum Positiven verändert werden?

Wie kannst du dich entlasten und es dir leichter machen?

Was hat geholfen zu erkennen, was jetzt wirklich wichtig ist?

Was genau hat dir dein Körper signalisiert, woran du erkannt hast, dass dich das voranbringt?

Was könnte ein nächster kleiner Schritt sein?

Wie könntest du diese Erfahrung auf deinen Alltag übertragen? Welche Kleinigkeit möchtest du dir vornehmen, die du sofort spielend leicht umsetzen kannst?

Solltest du keine Antwort bekommen, kannst du deinem Inneren wieder Vorschläge unterbreiten und deine innere Resonanz abwarten. Oder probiere spielerisch-erkundend etwas aus, was dir in den Sinn kommt, was stimmig sein könnte und spüre in dich hinein, wie sich das anfühlt. Wenn es noch nicht stimmt, ändere etwas.

Was hilft in verfahrenen Situationen

Ziel: Kennst du das auch, dass du an einem Tag mit dem »falschen Fuß« aufstehst, nicht so gut drauf bist, dir die Dinge nicht so schnell von der Hand gehen oder unvorhergesehene Dinge passieren, die dir einen Strich durch deine Rechnung beziehungsweise durch deine Planungen machen? Vielleicht breitet sich dann zunehmend Ungeduld, Ungehaltensein oder Unzufriedenheit in dir aus. Meist meldet sich dann auch noch der innere Kritiker oder Antreiber und wir machen uns das Leben noch schwerer, indem wir hart mit uns ins Gericht gehen, uns beschimpfen oder auf andere Art »fertigmachen«. Was kann dann hilfreich sein? Das Ziel dieser Übung ist, dich freundlich und weiterbringend aus verfahrenen Situationen zu befreien und wieder in die eigene Kraft zu kommen.

Ablauf: Nimm dir wieder etwas Zeit, in deinen Körper zu kommen ... Vielleicht magst du dich gut im Boden verankern und dich mit deinem Körper und deinem Atem verbinden ... Du weißt schon wie ... Suche dir zum Üben eine typische konkrete, einfache Situation aus deinem Alltag aus, in der du ausprobieren kannst, was dir in dieser etwas verfahrenen Situation weiterhelfen und dich weiterbringen könnte ... Sorge zunächst für FreiRaum ... Du weißt schon wie ...

Wenn du in deinem ganzen Körper anwesend bist und FreiRaum hast, kannst du dich vor deinem inneren Auge in einem guten Abstand auf einer Filmleinwand in dieser kleinen, typisch vertrackten Situation von außen betrachten ... Lasse die Situation wie im Schnelldurchlauf auf der Leinwand erscheinen ... Schaue dir genau zu ...

- Was machst du genau? ...
- Wie bewegst du dich? ...
- Wie ist dein Gesichtsausdruck, ... deine Körperhaltung? ... Wie ist deine Stimmung? ...

Lasse die Situation als Ganzes auf der Leinwand eine Weile auf dich wirken ... Sieh dir mit warmen, anteilnehmenden Augen einer guten Freundin oder eines guten Freundes aus einem guten Abstand heraus zu, ohne dich und dein Verhalten zu bewerten oder zu verurteilen ... Solltest du ein unbehagliches Gefühl in dir entdecken, probiere aus, ihm einfach nur etwas Zuwendung und Aufmerksamkeit zu schenken und ihm zu erlauben, da zu sein ...

Du kannst auch ausprobieren, dem unleidlichen, leidenden Teil in dir Nachsicht und Mitgefühl zu schenken ... Wie fühlt sich das in deinem Körper an, wenn dir das gelingt? ... Lass dir etwas Zeit und verweile so lange dabei, bis es sich gut anfühlt ...

Du kannst dir folgende Fragen stellen:

- Was benötige ich genau in dieser Situation? ...
- Was könnte jetzt hilfreich sei? ...
- Wie kann ich wieder FreiRaum gewinnen? ...
- Was täte mir jetzt gut? ...

Lasse jede dieser Fragen eine Weile in dir wirken, bis eine innere Resonanz kommt ...

Vielleicht magst du mit einer oder mehrerer der folgenden Fragen experimentieren, die du deinem Inneren stellst:

- Was steht meinem Arbeitsfluss im Wege? ...
- Was habe ich in der Hand zu verändern? ...
- Was bringt mich wieder in meine Kraft? ...

- Was möchte zum Positiven verändert werden? …
- Wo geht meine Energie hin? …
- Worauf habe ich Lust? …
- Wie kann ich Freude und Leichtigkeit in meine Tätigkeit hineinbringen? …

Lasse jede Frage, die zu deiner Situation passt, eine Weile in der Focusing-Haltung in dir wirken … Achte auf deine innere körperliche Resonanz … Schenke dem inneren Erleben achtsam deine volle freundliche Aufmerksamkeit und beobachte es … Warte in Ruhe – eher entspannt zurückgelehnt – ab, ob sich etwas formt, welcher Impuls oder welches innere Bild aus deinem Inneren aufsteigt … Lasse dem Inneren Zeit … Gestatte dir auch, dass keine »Antwort« kommt …

Experimentiere spielerisch mit den Ideen, die dir in den Sinn kommen. Spüre in deinen Körper hinein, was sich stimmig anfühlt. Wenn nicht, ändere etwas …

Wie hast du dich in der kleinen, verfahrenen Situation von außen wahrgenommen? Was ist dir aufgefallen?

____

____

____

____

____

Was hast du im Körper gespürt? Wie hat sich das angefühlt?

____

____

____

____

____

Was war hilfreich für dich?

____

____

____

____

____

____

Was hast du erkannt? Was hast du herausgefunden?

____

____

____

____

____

____

Tipp: In herausfordernden Situationen, wenn du den Überblick verlierst, kann dir die FreiRaum-Übung »Ein Problem herausstellen« helfen, rasch erleichtert aufzuatmen. Mit dem »Päckchen packen« verschaffst du dir Klarheit über deine wichtigsten »Baustellen« und kannst deine Probleme sortieren. Du gönnst dir damit einige wunderbare Momente, dich an den Problemen vorbei wohlzufühlen und ein Gespür dafür entwickeln, wie sich dein Leben anfühlen würde, wenn deine Probleme gelöst wären (Pilz-Kusch 2020, S. 108 ff.).
Die Frage mit der enormen Wirkkraft in diesem Kapitel verhilft dir in Kürze zu einem motivierenden Leitbild, um die Lösung deiner Probleme ganzkörperlich mit allen Sinnen erleben zu können.

Stimmige Entscheidungen treffen

Triffst du deine Entscheidungen eher spontan und emotional und bereust sie manchmal anschließend? Oder neigst du dazu, eher rational Entschlüsse zu fassen, Fakten zu sammeln und lange über Vor- und Nachteile zu grübeln? Die psychologische, die neurologische sowie die Hirnforschung weisen darauf hin, dass das Denken, das emotionale Erfahrungsgedächtnis und diffuse Körpersignale, sogenannte somatische Marker, wichtige Bestandteile guter Entscheidungen sind.

Im Folgenden lade ich dich zu sieben unterschiedlichen Möglichkeiten ein, Kopf, Körper und Bauch mit Focusing bei deinen Entscheidungen systematisch miteinander zu verbinden. Einige dieser Möglichkeiten hast du bereits im ersten Teil und in den letzten Kapiteln kennengelernt, wie du beispielsweise unter Druck schnell stimmig entscheiden kannst. Probiere aus, wie du dich mit weiteren Entschei-

dungsexperimenten auf eine wohltuende Art leichter und zunehmend schneller entschließen kannst – vor allem in komplexen Situationen. Erlebe, wie sich dann das angenehme Gefühl von Stimmigkeit in deinem ganzen Körper ausbreitet und du spürst, dass du mit deinen Handlungen im Frieden bist.

Manchmal sind wir innerlich zerrissen. Widersprüchliche Empfindungen, Anteile und Interessen in uns erschweren es, eine richtige Entscheidung zu treffen. Diese inneren Teile möchten gern alle »Gehör« finden. Der Kopf will viel und nicht selten zu viel. Erfreulicherweise wissen unser Körper und unser Inneres sehr genau, was und wie viel für uns stimmig ist und was nicht. Unser Körper signalisiert das durch unsere innere Resonanz.

Auch wenn unser Verstand oft davon ausgeht, dass es nur entweder ... oder ... gibt, haben wir stets mehr als zwei und oft unzählige Möglichkeiten, eine stimmige Entscheidung zu finden. Es ist jedoch häufig unsere Angst vor Fehlern und unser Hang zu Katastrophenfantasien, die uns glauben lassen, dass es nur eine perfekte Entscheidung gibt.

Die folgenden Entscheidungsexperimente sind sowohl in realen Situationen während eines Seminars, einer Therapiesitzung, einem Coaching oder bei einer anderen Tätigkeit möglich als auch in der reinen Vorstellung. Du kannst dich damit also auch auf herausfordernde Gespräche oder Veranstaltungen vorbereiten.

Übung 

Hin- und hergerissen

Ziel: Eine stimmige Entscheidung mithilfe der Körperintelligenz treffen, wenn du zwischen verschiedenen Alternativen hin und her schwankst und dich fragst, welche jetzt für dich richtig ist.

Ablauf: Schenke zunächst dir und deinem Körper deine ganze freundliche Aufmerksamkeit. Spüre wieder ganz bewusst deine Füße am Boden. Falls du sitzt oder liegst, spüre ganz bewusst, wo dein Körper aufliegt und sich möglicherweise anlehnt ... Gestatte deinem Körper, es sich so gemütlich wie möglich zu machen ... Lasse den Atem fließen … Sollte dich irgendetwas davon abhalten, ganz da zu sein, atme alles Belastende, alle Probleme, Sorgen und Nöte zunächst aus und gib deine Lasten an den Boden ab …

Dann wähle eine typische »kleine« Situation aus deinem Leben aus, in der du widersprüchliche Bedürfnisse oder Interessen in dir spürst und zwischen zwei Entscheidungsalternativen hin- und hergerissen bist. Wähle eine nicht allzu schwierige Situation, um zu üben, wie du focusingorientiert eine stimmige Entscheidung treffen kannst. Du könntest nach einem anstrengenden Tag das Bedürfnis haben, zu einer freudvollen Verabredung oder Veranstaltung zu gehen, beispielsweise zu einem Yoga- oder Tanzkurs und gleichzeitig fühlst du Müdigkeit, Erschöpfung und das Bedürfnis nach Ruhe in dir.

Wähle die zwei Entscheidungsalternativen aus, die zu dir und einer typischen, einfachen Entscheidungssituation passen … Dann »gehe« in deiner Vorstellung mit allen Sinnen nacheinander defokussiert in die beiden Entscheidungsalternativen »hinein«. Scanne vor deinem inneren Auge die einzelnen Schritte ganz kurz ab, ohne ins Detail zu gehen, um dich beispielsweise für die Verabredung oder Veranstaltung vorzubereiten, anzuziehen, etwas einzupacken, auf den Weg zu machen, sie zu erleben und dich anschließend auf den Nachhauseweg zu begeben … Spüre dabei in deinen Körper hinein und erkunde in der Focusing-Haltung, wie sich diese Option in deinem Körper anfühlt … Lasse dir Zeit dabei … Schaffe FreiRaum nach dem ersten Durchgang, indem du einen Moment durchatmest, die erste Entscheidungsmöglichkeit »abschüttelst«, aufstehst oder ein paar Schritte gehst, bevor du dich der Alternative auf die gleiche Art und Weise widmest, wie oben beschrieben, und in deinen Körper hineinspürst, wie sich diese Handlungsmöglichkeit in dir anfühlt …

Was löst zunächst die eine und anschließend die andere Möglichkeit in deinem Körper aus? … Wie fühlt sich das jeweils an? … Lasse deinem Inneren Zeit und verweile mit dem Unklaren des Ganzen … Welche Entscheidungsalternative fühlt sich besser an? … Spürst du ein erleichterndes Körpergefühl wie ein Aufatmen, eine Art Aha-Erlebnis und vielleicht sogar einen kleinen Energieschub, falls ein klarer Impuls kommt? …

Wiederhole diese Übung, um deine Fähigkeit zu verbessern, focusingorientiert Entscheidungen zu treffen und mehr Bewusstheit für deinen Körper und seine Empfindungen zu entwickeln.

Was hast du entdeckt?

Was hast du bei den zwei Entscheidungsalternativen jeweils in deinem Körper gespürt?

Wie hat sich das angefühlt?

Falls du keine klare Erkenntnis gewonnen hast, also keinen Felt Shift gespürt hast, der signalisiert, dass die Entscheidung für dich stimmig ist, könnte es daran liegen, dass du deinem Inneren nicht genügend Zeit gelassen hast, du den FreiRaum verloren hast oder es dir schwerfiel, dich mit der achtsamen, annehmenden und absichtslosen Focusing-Haltung dem Nichtwissen zu öffnen. Das passiert meinen Klientinnen und Klienten wie auch mir immer mal wieder. Dann gibt es zwei weitere Möglichkeiten, zu einem stimmigen Entschluss zu kommen.

Eine Möglichkeit ist, einfach eine Alternative auszuprobieren und in sich hineinspüren, wie sich das anfühlt. Wenn es sich nicht gut anfühlt, ändere etwas. Du könntest beispielsweise kurzfristig absagen, wenn du schon beim Aufbrechen bist, oder früher nach Hause gehen, wenn du merkst, dass es dir zu viel wird. Solltest du keinen Felt Shift registriert haben, könnte es auch sein, dass die Entscheidung in dir noch nicht gereift ist.

Erinnerst du dich an die Aussage von Rilke »Geduld zu haben und die Fragen lieb zu haben«, bis eine Antwort »gereift ist«, die ich dir am Anfang des Logbuchs ans Herz gelegt habe?

Eine dritte Möglichkeit, eine stimmige Entscheidung zu finden, besteht darin, deine Entscheidungsalternativen weiter in deinem Inneren bewegen zu lassen. Wenn wir gewohnt sind, über Jahrzehnte primär »mit dem Kopf« zu entscheiden, ist zunächst viel bewusstes Üben, Wiederholen und Geduld erforderlich. Gestehe dir auch Zeit zu, um mit den Focusing-Instrumenten vertraut zu werden und sie öfter anzuwenden.

Übung 

Das Unklare des Ganzen in dir »arbeiten« lassen

Ziel: Falls die bisherigen Entscheidungsexperimente noch nicht dazu geführt haben, dass du einen Felt Shift erlebt und eine Erkenntnis gewonnen hast, um dich stimmig zu entscheiden, kann folgende Möglichkeit dir Klarheit verschaffen.

Ablauf: Nimm dir wieder einen Moment Zeit, um aus dem Kopf in deinen Körper zu kommen und für FreiRaum zu sorgen … Anschließend kannst du anderen Tätigkeiten nachgehen, die dich kaum beanspruchen wie beispielsweise Spazierengehen, Radfahren oder leichte Aufräum- und Routinearbeiten ... Achte darauf, immer mal wieder innerlich achtsam in deinem Körper anwesend zu sein und mit einem Teil deiner Aufmerksamkeit mit dem Unklaren des Ganzen offen in Kontakt zu sein – wie unten in dem Beispiel –, bis sich irgendwann die Antwort von selbst herauskristallisiert – sei es beim Zähneputzen, unter der Dusche, in einer Pause oder auf dem Weg irgendwohin.

Beispiel 

Eine stimmige Vorgehensweise in einer unklaren Seminarsituation finden

Wenn ich während eines Seminars bemerke, dass etwas nicht rundläuft und ich nicht rasch einen klaren Handlungs- oder Interventionsimpuls verspüre, der sich gut anfühlt, habe ich gute Erfahrung damit gemacht, dass ich mich in der Pause zurücknehme. Falls es passt, lenke ich meine volle Aufmerksamkeit auf mich selbst und meinen Körper. Ich nehme meine Umgebung eher marginal und defokussiert wahr und vertiefe mich in meine Körpermitte. Ich sorge für FreiRaum und bin mit einem Teil meiner Aufmerksamkeit in Kontakt mit dem Nichtstimmigen der Seminarsituation. Mit dem anderen Teil meiner Aufmerksamkeit bin ich in Kontakt mit meinem Körperinneren. Ich verweile mit dem Unklaren der ganzen Situation und lasse sie innerlich in mir wirken. Dabei gehe ich auf den Flur oder nach draußen, scanne die Teile des erlebten Seminarprozesses in meiner Vorstellung noch einmal in aller Ruhe ab – offen, unvoreingenommen und innerlich achtsam erkundend, was jetzt nötig und hilfreich sein könnte.

Ich öffne mich dem Nichtwissen und warte in Ruhe ab, ob ein Handlungsimpuls kommt. Manchmal spüre ich bei einzelnen Interventionsmöglichkeiten, die mir intuitiv in den Sinn kommen, in meinen Körper hinein, um zu erforschen, wie sich das anfühlt. Ich gestatte mir auch, dass keine Klarheit kommt. Gelingt mir das, steigt meist irgendwann ein klarer Impuls aus dem Inneren auf, der sich stimmig und gut anfühlt.

Sollte das nicht der Fall sein, habe ich gute Erfahrungen damit gemacht, der Seminargruppe mögliche Vorgehensweisen alternativ vorzuschlagen und mit den Teilnehmenden im Speed-Gruppenfocusing zu üben, wie sie focusingorientiert eine stimmige Entscheidung mithilfe ihrer Körperintelligenz treffen können.

Hast du ausprobiert, mit einer unklaren Entscheidungssituation »schwanger« zu gehen? Was war für dich hilfreich?

....

....

....

....

....

Was hast du innerlich erlebt?

....

....

....

....

....

....

Wie hat sich das für dich angefühlt?

....

....

....

....

....

Was hast du herausgefunden?

....

....

....

....

Übungen 

Entscheidungsvariante mit Papierblättern

Ablauf: Schwankst du zwischen zwei Entscheidungsoptionen, kannst du zwei beziehungsweise drei weiße Papierblätter als Symbol für jede Entscheidungsalternative auf den Boden legen. Stelle dich auf das erste Blatt. Schließe die Augen, wenn es angenehm ist ... Spüre ganz bewusst deinen Körper, lasse deinen Atem fließen und sorge für Frei-Raum ... Dann stelle dir vor, du würdest dich für diese Möglichkeit entscheiden ... Spüre wie in den vorhergehenden Erkundungsexperimenten in der Focusing-Haltung in deinen Körper hinein, wie sich das anfühlt ..., bis du eine Resonanz im Körper spürst ... Sorge zwischendurch und vor allem nach dem ersten Durchgang für FreiRaum, indem du ganz bewusst das Blatt verlässt, ein paar Schritte gehst, dem Gehirn erlaubst, leer zu werden, alle Gedanken und Empfindungen »rausatmest« oder »abschüttelst« und dir etwas Zeit lässt, die erste Option sacken zu lassen ...

Dann stelle dich auf das zweite Blatt, das die andere Alternative symbolisiert, und wiederhole den Vorgang. Sollte sich bei beiden Entscheidungsmöglichkeiten kein klarer Handlungsimpuls ergeben, kannst du ein drittes Blatt wählen, um zu erkunden, welche dritte Entscheidungsmöglichkeit infrage kommt. Passt sie immer noch nicht, weil möglicherweise noch ein Detail abgeändert werden möchte, nimm ein viertes Blatt und wiederhole das Experiment.

Anstelle der weißen Blätter kannst du auch Stühle für unterschiedliche Entscheidungsmöglichkeiten auswählen und dich auf den jeweiligen Stuhl setzen und in deinen Körper hineinspüren, um zu empfinden, wie stimmig sich jede Option im Körper anfühlt.

Wichtig !

Achte bei allen Entscheidungen darauf,

- dir einen Augenblick zu gönnen, deinen Körper und deinen Atemstrom ganz bewusst zu spüren, um in deinem ganzen Körper anwesend zu sein – wach und entspannt zugleich.
- FreiRaum zu schaffen und darauf zu achten, ihn nicht zu verlieren.
- Nimm dir bei jeder Entscheidungsmöglichkeit genügend Zeit, in den spielerischen und neugierig-erforschenden Modus der Focusing-Haltung zu kommen.
- Spüre unvoreingenommen, wohlwollend und interessiert in deinen Körper hinein und verweile eine ganze Zeit lang mit dem Unklaren des Ganzen. Öffne dich dem Nichtwissen und lasse dich ohne Erwartungsdruck überraschen, welche innere Resonanz sich in dir bemerkbar macht – im Wissen, dass du weitere Möglichkeiten hast, eine Entscheidung herbeizuführen, wenn sich jetzt noch keine Klarheit einstellt.

Bei manchen – vor allem **lebenswichtigen – Entscheidungen** kann es sehr hilfreich und sinnvoll sein, wenn du dich von einer focusingerfahrenen Person oder professionell durch Focusing im Coaching, in der Beratung oder Therapie begleiten lässt, um zu einer stimmigen Entscheidung zu gelangen.

Wie hat sich das jeweils auf dem Blatt Papier oder auf dem Stuhl angefühlt?

Was hast du herausgefunden?

Was kannst du für dich daraus für die Zukunft lernen?

Kaufentscheidungen mit dem ganzen Körper treffen

Im ersten Teil dieses Buches hast du bereits in einem Focusing-Experiment das Gefühl einer stimmigen Entscheidung am Beispiel des Kaufs dieses Logbuchs erforscht. Jetzt kannst du in der Realität üben, stimmige Kaufentscheidungen mit dem ganzen Körper zu treffen.

Ziel: Stimmige Kaufentscheidungen treffen.

Ablauf: Welches Smartphone, welches Fahrrad, welche Schuhe, welches Milchprodukt ist für mich »richtig«? Probiere bei einer deiner nächsten Kaufentscheidungen aus: Welches Gemüse, welches Obst, welches Milchprodukt, welcher Pulli, welche Hose, welches Telefon oder welches Handy ist für mich das Passende?

Wenn du im Laden stehst, spüre ganz bewusst deinen Körper und fühle bei jedem Produkt, das du in die Hand nimmst oder anziehst, in der Focusing-Haltung in deinen Körper hinein, ob es für dich wirklich das »Richtige« ist. Sorge für FreiRaum und nimm dir die Zeit, dich bei einem Kleidungsstück nicht nur im Spiegel anzuschauen, sondern dich auch in Ruhe zu bewegen und hinzusetzen. Spüre dabei jeweils in deinen Körper hinein – vielleicht mit geschlossenen Augen –, um zu erkunden, mit welchem Kleidungsstück du dich in verschiedenen Positionen auf die angenehmste Art und Weise bewegen kannst, es gut sitzt, dich nichts beengt und du dich damit am wohlsten fühlst. Wenn du nicht das Passende findest, dann gehe wieder. So vermeidest du Fehlkäufe.

Wie ist es dir ergangen? Was hast du innerlich erlebt?

____

____

____

____

____

Was hat es dir erleichtert, eine stimmige Entscheidung zu fällen?

Welche Fortbildung, Veranstaltung, Wohnung, welcher Therapeut oder Coach ist für mich »richtig«?

Ziel: Mithilfe des inneren Navis eine stimmige Entscheidung treffen.

Ablauf: Auf der Suche nach dem »richtigen« Coach, nach der »richtigen« Therapeutin, einem Supervisor oder nach der »richtigen« Fortbildung, Veranstaltung oder Wohnung machen wir uns oft viele Gedanken und vielleicht sogar eine Liste, worauf es uns ankommt. Wir wälzen bisweilen endlos Gedanken, was denn für uns stimmig sein könnte. Vielleicht magst du ausprobieren, wie es für dich sein kann, mit deinem ganzen Körper auf eine wohltuende Art focusingorientiert die für dich richtige Antwort zu erkunden.

Bevor du mit dem Surfen im Internet, in Suchmaschinen, auf Websites oder mit dem Studieren von Anzeigen beginnst, nimm dir einen kleinen Augenblick Zeit, mit deiner vollen freundlichen Aufmerksamkeit zu deinem Körper zurückzukehren, ganz bewusst die Füße am Boden, deinen Körper auf der Unterlage zu spüren ebenso wie deinen Atemstrom ... Sollte dich etwas belasten, gönne dir eine Kurz-Frei-Raum-Technik ... Atme beispielsweise belastende Gedanken und Gefühle aus dem Körper oder schüttele sie aus dem Körper heraus, um Kopf und Körper frei zu bekommen für dein Entscheidungsexperiment ...

Sobald du deinen ganzen Körper spürst und einen wohltuenden Abstand zu Problemen und Sorgen in dir hast, mache dich in der spielerisch-entdeckerfreudigen Focusing-Haltung beispielsweise im Internet auf die Suche ... Bleibe in Kontakt mit dir und deinem Körper ... Achte bei der Betrachtung der Websites auf FreiRaum und deine innere Resonanz ... Lasse die Beschreibung eines jedes Angebots eine Zeit lang in dir wirken ... Schenke dir und deinem Körperinneren zwischendurch immer wieder Aufmerksamkeit ... Beobachte dich selbst bei der Recherche: Bei welchen Coaches, Fortbildungs- oder Wohnungsangeboten horchst du auf und wirst wacher? ... Erkunde genau, was dann in deinem Inneren vorgeht ... Was genau spricht dich an und fesselt deine Aufmerksamkeit? ... Bleibe dann bei deinem inneren Gespür ... Was genau fesselt dein Interesse? ... Welche Personen und Beschreibungen energetisieren dich? ... Achte auf FreiRaum und die Impulse, die aus deinem Körper kommen ... Halte zwischendurch inne, lasse das Gelesene sacken und schenke deinem inneren Erleben eine Weile deine Aufmerksamkeit ...

Was hast du in deinem Körperinneren erlebt?

____

____

____

____

____

Was hast du herausgefunden?

____

____

____

____

____

Welche Entscheidungsalternativen haben sich als stimmig erwiesen?

____

____

____

____

____

Woran hast du es erkannt – im Körper, am Atem, Energiefluss, an deiner Stimmung oder Befindlichkeit?

____

____

____

____

____

Sollte sich noch kein Entschluss abzeichnen, kannst du eine oder mehrere der beschriebenen Übungsvarianten dieses Kapitels ausprobieren, um Klarheit zu gewinnen. Vielleicht ist die Entscheidung auch noch nicht »reif« und möchte noch in dir innerlich bewegt werden, bis sich ein klarer Impuls aus deinem Inneren zeigt. Wenn du mit dem Ergebnis noch nicht zufrieden bist, experimentiere mit den focusingorientierten Entscheidungsvarianten zu einem günstigeren Zeitpunkt, der sich stimmig anfühlt.

Im Kapitel zur stimmigen Balance findest du weitere Focusing-Experimente dazu, wie du in herausfordernden Situationen stimmig entscheiden kannst.

Positiver Start in den Tag und in neue Projekte – leicht und lustvoll

Gern lade ich dich zu zwei weiteren Erkundungsexperimenten ein. Probiere aus, wie es für dich ist, wenn du dir zu Arbeitsbeginn gestattest, zuerst zu dir zu kommen und mithilfe des inneren Navis zu erforschen, wie du stimmig und freudvoll in deinen neuen Tag und in neue Projekte starten kannst. Lasse dich überraschen, wie anders es sich anfühlen kann, wenn du arbeitest und dabei mit dem ganzen Körper anwesend bist. Mit etwas Übung können zwei Minuten reichen, um in den Körper zu kommen und innere Klarheit zu gewinnen, wo es jetzt für dich stimmig und leicht langgeht. Diese Zeit sparst du leicht wieder ein. Probiere aus, wie die Arbeit dir dann schneller und lustvoller von der Hand geht.

Übungen 

Stimmige Prioritäten aufspüren

Ziele: Starte focusingorientiert in einem guten Kontakt zu dir in den Tag, in ein neues Projekt oder eine neue Aufgabe. Mit dieser Übung gelingt es dir, zu Beginn des Arbeitstags und bevor du dich der ersten Aufgabe zuwendest, wach, zentriert und klar ausgerichtet zu sein – in einer guten Energie und unangestrengt statt getrieben von einer vollen To-do-Liste, E-Mails, Telefonaten und anderen Menschen rings um dich herum. Nach Vincent van Gogh wird das, was in Liebe getan wird, gut getan. Dieses Experiment unterstützt dich dabei.

Ablauf: Erlaube dir, in Ruhe an deinem Arbeitsplatz anzukommen und vor dem Arbeitsbeginn Raum zu schaffen, sodass dein »Körper frei atmen und tiefer offen sein kann« (Gendlin 2004b, S. 56). Norde dein inneres Navi mithilfe deiner Körperintelligenz auf das ein, was dir am Herzen liegt und für dich wichtig und stimmig ist. So richtest du deinen Fokus auf das wirklich Wesentliche und verzettelst dich nicht so leicht. Um freudvoll und leicht zu arbeiten und bessere Ergebnisse zu erzielen, folge deiner inneren Motivation und deinem inneren Energiefluss statt ausschließlich den Plänen deines Kopfes und der Reihenfolge deiner To-do-Liste.

Experimentiere spielerisch damit, wie es für dich ist, focusingorientiert in den Tag, in ein neues Projekt oder eine neue Aufgabe zu starten und dir dafür einen Moment Zeit zu nehmen. Wähle zum Ausprobieren einen anforderungsarmen Tag ohne Zeitdruck.

Schließe deine Augen oder senke den Blick, um dich voll auf dich konzentrieren zu können. Schenke dir und deinem Körper deine ganze wohlwollend-freundliche Aufmerksamkeit. Spüre ganz bewusst die Fußsohlen am Boden. Spüre die Auflageflächen deines Körpers mit der Sitzfläche, falls du sitzt ... Nimm deinen Atemstrom aufmerksam wahr. Atme ein paar Mal tief durch den leicht geöffneten Mund alle Anspannung und alles aus, was dich belastet oder davon abhält, ganz da zu sein, bis du dich gut spürst und zur Ruhe gekommen bist.

Du kannst das, was sich unbehaglich in dir anfühlt, in deiner Vorstellung aus dem Körper herausstellen – so weit neben oder vor dir hin, bis du einen guten Abstand spürst, aufatmen kannst und es sich innerlich freier anfühlt. Vielleicht fühlt es sich auch stimmiger an, zunächst mögliche Anspannungen aus dem Körper herausschütteln ...

Probiere aus, was dir entspricht und sich in diesem Moment gut anfühlt ... Beim Start in den Tag kannst du deinen Terminkalender für den Tag sowie die anstehenden Projekte real oder in der Vorstellung kurz sichten, um dir bewusst zu machen, was an Aufgaben und Terminen feststeht und was noch ansteht.

Dann mache es deinem Körper so gemütlich wie möglich und gehe mit deiner vollen, freundlichen Aufmerksamkeit nach innen. Scanne das anstehende Projekt und die einzelnen Möglichkeiten beziehungsweise die Projekte der Reihe nach kurz ab, ohne in die Details zu gehen ... Erkunde dabei jeweils neugierig unvoreingenommen, wo deine Energie und Motivation hingehen. Lasse folgende mögliche Fragen in dir fallen und jede einzelne Frage eine Weile – bis zu 60 Sekunden – in dir wirken:

- Worauf oder wozu habe ich jetzt Lust? ...
- Wo geht meine Energie hin? ...

- Was fühlt sich jetzt gut und stimmig an? ...
- Was würde mir jetzt leicht von der Hand gehen? ...
- Was ist heute am wichtigsten? ...

Fühle dich frei, deinem Inneren die konkreten Fragen zu stellen, die zu dir und der Situation passen ... Spüre bei jeder Frage in der Focusing-Haltung eine ganze Weile in deinen Körper hinein und lasse dich überraschen, welche innere Resonanz jeweils in dir entsteht ... Ob und welcher klare Impuls aus deinem Körper kommt ... Gestatte dir auch, dass nichts passieren muss ...

Entscheidungsvariante: Spielerisch erkunden, was sich stimmig und gut anfühlt – unterstützt durch stärkende Gedanken

Ablauf: Falls du keine Antwort oder einen klaren Impuls erhältst, beginne intuitiv mit einer Tätigkeit, die dir einfällt und nach der dir gerade ist ... Spüre bei der Ausführung bewusst in deinen Körper hinein ... Erkunde offen, wie es sich in dir anfühlt ... Sobald du bemerkst, dass sich ungute Gefühle in dir breit machen, probiere etwas anderes aus: eine andere Tätigkeit oder ändere eine Kleinigkeit. Schalte einen Gang runter, entspanne deine Körperhaltung, summe oder singe zur Tätigkeit – was immer dir Freude bereitet und sich gut anfühlt ...

Probiere es spielerisch aus oder befrage dein inneres Navi, wie du Leichtigkeit und Freude in deine Tätigkeit reinbringen kannst, unterstützt von einem stärkenden Gedanken wie beispielsweise: »Bin gespannt, wie ich dieses abenteuerliche Projekt schaukle.« Wähle für dich passende Worte ... Erkunde und experimentiere, womit du dich gut fühlst ...

Entscheidungsvariante: Start eines neuen Projekts – aus einer Vielfalt auswählen

Sobald du dich körperlich spürst und FreiRaum geschaffen hast, nimm beim Start eines neuen Projekts oder einer neuen Aufgabe vor deinem inneren Auge Kontakt zu den Menschen, zur Zielgruppe auf, für die du gern diese Tätigkeit ausüben möchtest, falls du eine Wahl hast ... Du kannst deiner inneren Suchmaschine eine (oder mehrere) der folgenden Fragen stellen, die dich anspricht und jeweils damit etwas verweilen, um deine innere Resonanz in Ruhe abzuwarten:

- Was berührt mich inhaltlich und gibt mir Sinn? ...
- Für wen möchte ich dieses Projekt durchführen? ... Welche Menschen liegen mir besonders am Herzen? ...
- Was möchte ich mit Freude geben oder bewirken? ... Was ist mir sehr wichtig? ...
- Was möchte ich »transportieren«? ...
- Was erfüllt mich? ... Was ist »meins«? ...
- Wo geht meine Energie hin? ...

Lasse deinem Inneren jeweils Zeit, zu antworten ... Erinnerst du dich, dass der Verstand sehr schnell reagiert und das Innere etwas mehr Zeit benötigt? ... Lehne dich entspannt zurück und lasse dich in der Focusing-Haltung überraschen, welche Ideen, Impulse, Bilder oder auch Worte aus deinem inneren Kompass kommen ... Öffne dich dem Nichtwissen ...

Wenn keine Antworten kommen, verzweifle nicht. Führe die Übung ein anderes Mal durch. Wähle die kürzere Variante oder probiere jetzt spielerisch aus, was stimmig und richtig sein könnte. Spüre in deinen Körper hinein, wie es sich anfühlt. Wenn irgendetwas sich nicht stimmig anfühlt, probiere etwas anderes aus.

Kürzere Variante – entspanntes Ankommen am Arbeitsplatz

Ziel: Um entspannt in den Arbeitstag zu starten, gönne dir einen Moment, um mit deiner vollen freundlichen Aufmerksamkeit zu dir und deinem Körper zurückzukehren. So startest du in einer positiven Energie, »angedockt« an deinen Körper und dein inneres Navi, freudvoll statt angestrengt in deinen Arbeitstag.

Ablauf: Erlaube dir, im Auto, vor der Tür zu deinem Arbeitsplatz oder beim Hochfahren deines Computers dich einen Augenblick zurückzulehnen oder im Stehen dich entspannt aufzurichten, die Augen zu schließen und dir und deinem Körper deine volle freundliche Aufmerksamkeit zu schenken … Atme ein paar Mal gut aus. Schaffe FreiRaum, indem du das, was dich davon abhält, ganz da zu sein, aus deinem Körper ausatmest oder aus dem Körper rausschüttelst und auf Abstand bringst … Nimm dich und deinen ganzen Körper wie eine gute Freundin oder ein guter Freund wohlwollend wahr und gestatte ihm, überflüssige Anspannung loszulassen und deinem Gehirn leer zu werden … Genieße diese kleine Zeit mit dir … Erkunde anschließend bei deiner Arbeit, ob und was vielleicht anders ist, wenn du dir diese kleine Auszeit mit dir gönnst …

Erkunden, was sich verändert, wenn du dein inneres Navi auf die Arbeit einnordest

Ziel: Erforschen, wie es sich auf dich und deine Arbeit auswirkt, wenn du dir für eines der vorhergehenden Erkundungsexperimente ein bisschen Zeit nimmst, um zu dir zu kommen und dein inneres Navi auf das Wesentliche auszurichten, bevor du mit der Arbeit oder mit einem neuen Projekt beginnst.

Ablauf: Suche dir einen Tag aus, an dem du dir eine kleine Auszeit mit dir und deinem inneren Navi gönnst – zum Start in den Tag oder eines neuen Projekts. Halte – wie oben erläutert – focusingorientiert inne, spüre deinen Körper, sorge für FreiRaum und norde dich mithilfe deiner inneren Suchmaschine in der Focusing-Haltung auf das ein, was an diesem Tag oder bei diesem Projekt ansteht und für dich wichtig und stimmig ist …

Erkunde anschließend, wenn du die Arbeit aufnimmst, ob und was sich verändert hat.

Was empfindest du anders bei der Arbeit? Was hast du entdecken können?

____

____

Wie hoch ist deine Motivation und deine Präsenz?

Wie entspannt oder gestresst bist du?

Wie fühlst du dich körperlich, emotional und stimmungsmäßig bei der Arbeit?

Wie sind deine Arbeitsergebnisse?

Freude und Spaß in begrenzt reizvolle Tätigkeiten reinbringen

Wir verlieren viel unnötige Energie und eine Menge an Lebensqualität, wenn wir für uns unangenehme Tätigkeiten verbissen, angestrengt oder in einer schlechter Laune versuchen, möglichst schnell »hinter« uns zu bringen oder uns dadurch quälen.

Übung

Unliebsames mit Freude und Spaß meistern

Ziel: Anstrengende und unliebsame Tätigkeiten mit Freude und Spaß ausführen.

Ablauf: Wenn dir eine unangenehme Aufgabe bevorsteht, die dich herausfordert oder wenig attraktiv ist, wie beispielsweise die Steuererklärung vorbereiten, Aufräumen oder Haushaltstätigkeiten, kannst du nach dem focusingorientierten Innehalten oder dem Speed-Focusing-Check dein Inneres fragen: Wie kann ich Freude und Spaß, vielleicht auch Leichtigkeit in die Tätigkeit hineinbringen? ... Lasse dem Inneren wieder eine Weile Zeit ... Warte in der Focusing-Haltung in Ruhe ab, ob und welcher Impuls aus deinem Inneren aufsteigt ... Probiere aus, was passt und spüre in deinen Körper hinein, wie es sich anfühlt ... Wenn dich etwas anstrengt oder sich ungut anfühlt, ändere etwas ...

Welche Ideen und Impulse sind dir gekommen?

____

____

____

____

____

Was hast du über dich entdeckt?

Was war hilfreich für dich?

Stimmige Selbstentfaltung – den eigenen Weg finden

Die besten Vorsätze und Pläne bringen uns selten ans Ziel, wenn wir sie verbissen verfolgen, vor allem wenn sie den Wunschvorstellungen unseres Verstandes entsprechen, wie wir sein möchten, aber nicht dem, wie wir »ticken«. Wir benötigen viel mehr liebevolle Aufmerksamkeit, um persönlich zu wachsen. Diese können wir anderen auch nur dann schenken, wenn wir sie uns selbst geben können.

Das Reizvolle am Focusing ist, dass du dich entspannt zurücklehnen, deinen Kopf bequem ablegen kannst und dir nicht das Gehirn zermartern brauchst, wenn du nicht mehr weiter weißt. Du brauchst dir keinen Kopf zu machen, wenn dir unklar ist, was du wirklich willst, was mehr Raum in deinem Leben haben möchte und was wirklich »dein Ding« ist. Im ersten Teil konntest du bereits mit Focusing attraktive Ziele finden, die dich energetisieren und sogar mit allen Sinnen innerlich erleben, wie es sich anfühlt, wenn du sie verwirklicht hast.

Finde mit Focusing ganz genau heraus, was aus dir heraus leben und sich entfalten möchte.

Wenn du gelernt hast, einen Felt Sense in dir entstehen zu lassen, hast du ein kraftvolles Navigationsinstrument in der Hand, das dir deinen Weg, den für dich richtigen Lebenskurs und den nächsten kleinen Schritt zeigt. Das befähigt dich, dich wie eine liebevolle Freundin oder ein lieber Freund an die Hand zu nehmen, um neugierig und unvoreingenommen deine tieferen Bedürfnisse und Sehnsüchte in der Focusing-Haltung zu erkunden und auf deine ganz eigene Art und Weise und in deinem »Tempo« herauszufinden, was wirklich »deins« ist. In den Kapiteln zu den wegweisenden Signalen sowie zu stimmigen Entscheidungen hast du auch schon einige Anregungen erhalten, wie du den für dich »richtigen« Weg finden kannst.

Du kannst dein Inneres gezielt immer wieder befragen, wonach dir ist, wo es dich hinzieht und was du wirklich möchtest. Und es ist auch möglich, deine Körperintelligenz und Intuition anzuzapfen, indem du gezielt im Internet recherchierst, beim Lesen von Büchern und Artikeln, auf Veranstaltungen, auf Reisen, in der Natur und in der Begegnung mit Menschen, die etwas verkörpern, was dich anspricht und wonach du dich in deinem tiefsten Inneren sehnst.

Erkundungsexperimente 

Was energetisiert dich und ist »deins«?

Ziel: Focusingorientiert erkunden, wo es dich hinzieht, wo dein Weg langgeht und jetzt dein Platz ist, der dich erfüllt und zum Strahlen bringt. Du kannst herausfinden, was in dir lebendig werden und sich entfalten möchte und was dein Ding ist.

Ablauf: Bei der Arbeit am Schreibtisch, beim Anschauen von Filmen, beim Lesen von Büchern und Artikeln, bei der Internetrecherche, auf Veranstaltungen und in der Begegnung mit Menschen beobachte dich selbst, wenn du in gutem Kontakt zu dir und deinem Körper bist und Freiraum hast: Bei welchen Themen wirst du hellhörig, wacher und aufmerksamer? ...

Erkunde in Ruhe und ganz genau in der entdeckerfreudigen Focusing-Haltung – unvoreingenommen, offen neugierig und aufmerksam –, was das in deinem Körper auslöst ... Was geschieht in dir? ... Beobachte interessiert dein inneres Erleben ...

Bei welchen Fragen, bei welchen Tätigkeiten oder Aktivitäten, bei welchen Textpassagen und Personen wird deine Aufmerksamkeit gefesselt und steigt von selbst an? ... Achte auf deine innere Resonanz, beobachte dein inneres Erleben und bleibe dabei ... Welche inneren Bilder, Worte oder (Körper-)Impulse tauchen in dir auf? ... Lasse dir Zeit dabei ... Was erregt deine Aufmerksamkeit? ... Welche Personen und Tätigkeiten faszinieren dich? ... Wo zieht es dich hin? ...

Nimm dir Zeit, deinem inneren Erleben eine Weile deine ganze wohlwollende, freundliche Aufmerksamkeit zu schenken und es näher zu untersuchen, um dem auf die Spur zu kommen ... Wie fühlt es sich an, wenn du der Spur folgst, die intuitiv dein Interesse weckt? ... Es kann sein, dass nicht nur etwas Hellhöriges und Interessiertes in dir lebendig wird, sondern auch etwas Aufgeregtes, vielleicht auch etwas Ängstliches vor dem Neuen ... Achte auf FreiRaum.

Versuche, allen Teilen, die sich in dir bemerkbar machen, Zuwendung zu schenken und ihnen zu erlauben, da zu sein. Mit Partialisieren oder einer anderen Kurz-FreiRaum-Technik kannst du einen guten Abstand zu allem herzustellen, was dich zu beherrschen droht ...

Bei welchen Themen und Fragen wirst du hellhörig, wacher und aufmerksamer?

____

____

____

____

____

Was hast du erlebt und über dich herausgefunden?

____

____

Was hat dich überrascht?

Wie fühlt es sich an, wenn du diesen inneren Impulsen folgst?

Welche Frage, welches Thema oder welche Spur möchtest du weiter verfolgen?

Unterwegs auf Reisen und in der Natur

Ablauf: Wenn du unterwegs auf Reisen, in der Natur, auf Fortbildungen oder Veranstaltungen bist und deinen Weg oder einen für dich stimmigen Platz finden möchtest, nimm deinen Körper spürend wahr, sorge für FreiRaum und erforsche ganz bewusst: Welche Plätze, Orte, Häuser, Institutionen und Wege ziehen dich an? ... Bleibe zwischendurch stehen, schaue dich in Ruhe um und lasse die Orte und Wege eine Zeit lang auf dich wirken ... Spüre in deinen Körper hinein, wenn du die verschiedenen Möglichkeiten in Augenschein nimmst ... Was passiert jeweils in deinem Inneren? ... Achte auf deine innere Resonanz und verweile in der Focusing-Haltung mit ihr ... Lass dir Zeit dabei ... Zu welchem Platz oder welcher Wegabzweigung zieht es dich hin? ...

Wenn du Menschen online erlebst oder ihnen persönlich begegnest, kannst du erkunden: Welche Ausstrahlung, welche Tätigkeiten oder Biografien von Personen sprechen mich an, beeindrucken mich und wecken vielleicht sogar Neid in mir? ... Neid kann eine Art Kompass sein, der deine geheimen Sehnsüchte und Wünsche berührt und auf das verweisen kann, was du auch gern hättest und leben möchtest ... Frage deinen Körper innerlich achtsam: Welche Sehnsüchte werden geweckt? ... Was möchte gelebt und erlebt werden? ... Lasse deinem Inneren bei jeder einzelnen Frage Zeit, eine »Antwort« zu finden ... Öffne dich dem Nichtwissen ... und lasse dich – innerlich eher entspannt zurückgelehnt – abwarten und überraschen, ob und was aus deinem Inneren auftaucht ...

Du kannst auch erkunden: Welche Personen möchte ich näher kennenlernen? ... Welche Art zu leben, zu wohnen und zu arbeiten begeistern oder faszinieren mich und lassen mein Herz höher schlagen? ...

Vielleicht möchte die eine oder andere Frage auch weiter in dir bewegt werden und braucht Zeit zu »reifen« ...

Nach manchen Erlebnissen, Begegnungen und Veranstaltungen möchte einiges, was wir erfahren haben, erst einmal »sacken« und in unserem Inneren weiter bewegt werden, bevor sich daraus klare Handlungsimpulse ergeben.

Wo zieht es dich hin? Welche Plätze und Wege ziehen dich an?

Welche Personen sprechen dich an und beeindrucken dich?

Was genau fasziniert dich an diesen Personen und zieht dich an – vielleicht magnetisch?

Welche Wünsche und (geheimen) Sehnsüchte hast du entdeckt?

Was möchte leben und sich entfalten?

Symbolisiere deine Erlebnisse mit Farbstiften per Skizze oder Zeichnung:

Neue Wege beschreiten und Neues ausprobieren

Es bedarf Mut, Neues auszuprobieren und neue Wege zu gehen, die uns reizen. Dafür ist es erforderlich, die eigene Komfortzone zu verlassen. Dabei tauchen meist Ängste auf. Es kostet häufig Überwindung, neue Schritte zu gehen und sich auf neues Terrain zu begeben, auf dem es sich unsicher und unerfahren anfühlt. Oft brauchen wir Leidensdruck, um uns aus der Komfortzone hinauszuwagen. Nicht wenige Menschen haben durch eigenes Leid und Erkrankungen ihre Berufung gefunden und Herausragendes erfolgreich in die Welt gebracht haben wie beispielsweise die Alexander-Technik. Auch mein weiblicher Ernährungs-Coach, eine Ernährungswissenschaftlerin, hat durch eigenes Rheuma-Leid über viele Umwege zu einer Ernährungsweise gefunden, mit der sie seit vielen Jahren kein Rheuma mehr hat. Mit ihrem Autoimmun Food Coaching-Programm begleitet sie inzwischen professionell an Rheuma Erkrankte. So hat sie mir geholfen, mich ebenfalls vom Rheuma zu befreien.

Wichtig ist, die Angst und Unsicherheit mit ins Boot nehmen und sich liebevoll um sie zu kümmern. Wenn du dich aus deiner Komfortzone heraustraust, um sie auszuweiten und über dich hinauszuwachsen, gib dir die Erlaubnis, Angst und Unsicherheit zuzulassen. Probiere aus, welche Methoden aus den vorherigen Kapiteln – wie zum Beispiel die RAIN-Methode – zum Umgang mit deinen wegweisenden Signalen dich dabei unterstützen können. Sorge für FreiRaum, lade die Freude zu dir ein und nimm dich auf deinem Weg liebevoll an die Hand. Genieße jeden einzelnen Schritt. Setze zwischendurch immer wieder deine innere Suchmaschine in Gang und stelle deinem inneren Navi konkrete Fragen.

Vielleicht macht es auch Sinn, dich bei deinem Körper zu erkundigen: »Wer oder was kann mich dabei unterstützen?« ... Lasse dich dabei in dem Kapitel zu stimmigen Entscheidungen inspirieren, wie du focusingorientiert die für dich passende Begleitungsperson findest, von der du dich professionell begleiten lassen kannst.

»Dein Ding« statt Zwangsjacke innerer Vorschriften

Wenn wir uns unter Druck setzen und festgefahrenen inneren Vorstellungen folgen, wie »man« die Arbeit, die Sitzungen, eine Gruppe oder ein Seminar »professionell« durchzuführen hat, raubt das enorm Kraft und Lebensfreude. Durch diese inneren Vorschriften fühlen wir uns manchmal dazu gezwungen, etwas zu tun, was uns gar nicht entspricht, und uns vielleicht sogar zu verbiegen. Kennst du auch solche inneren Antreiber?

- »Man muss umfassend über das Thema und die aktuelle Fachdiskussion informiert sein.«
- »Ich sollte diese und jene Methode kennen und anwenden.«
- »Ich muss Videos und Arbeitsblätter einsetzen sowie gute Fotoprotokolle machen.«
- »Man sollte in der Lage sein, auf jede Frage zu antworten.«
- »Ich sollte souverän wirken.«
- »Ich darf keine Fehler machen.«

Hast du dich auch schon mit solchen oder ähnlichen Gedanken herumgequält? Dabei sind deine Präsenz, deine authentische, positive Ausstrahlung und Echtheit, deine wohlwollend-annehmende, offene und interessierte Haltung meist viel wichtiger als die Fülle der Methoden, die Perfektion der Arbeitsblätter oder der »korrekte« Einsatz bestimmter Fragetechniken oder Übungen aus Fachbüchern.

Beispiel 

Beeindruckende »Vorbilder«

In meinem Leben haben mich Vortragende, Seminarleiterinnen und Seminarleiter sowie Coaches am meisten beeindruckt und vorangebracht, die das leben, was sie lehren, die eine natürliche und menschliche Echtheit ausstrahlen, präsent sind, mir in der Begleitung auf Augenhöhe begegnen und echtes Interesse an dem zeigen, was mich bewegt. Mir hat vor allem ein Ausbilder imponiert, der den Mut hatte, sich souverän mit den eigenen Unzulänglichkeiten zu zeigen, was mich ermuntert hat, zu meinem eigenen »Unperfektsein« zu stehen.

An welche Vortragende, Seminarleiterinnen und -leiter, Coaches oder Begleitende kannst du dich erinnern, die für dich ein »Vorbild« sein können, die das ausstrahlen, was du erreichen möchtest?

....

....

....

....

Was ist dir bei diesen Menschen aufgefallen? Was hat dich beeindruckt? Was hat sie ausgezeichnet?

....

....

....

....

....

Wie angenommen, aufgehoben oder inspiriert hast du dich bei ihnen gefühlt? Was hat dazu beigetragen?

....

....

……………………………………………………………………………

……………………………………………………………………………

……………………………………………………………………………

Was kannst du von ihnen lernen?

……………………………………………………………………………

……………………………………………………………………………

……………………………………………………………………………

……………………………………………………………………………

……………………………………………………………………………

Was ist »dein Ding«?

……………………………………………………………………………

……………………………………………………………………………

……………………………………………………………………………

……………………………………………………………………………

……………………………………………………………………………

Wenn wir als Coaches, Therapeuten, als Prozessbegleiterinnen oder Lehrende unser Bestes geben und uns gleichzeitig erlauben, uns authentisch und stimmig zu zeigen, so wie wir sind, auch mit Unpässlichkeiten und Nichtperfektion, erleichtern wir es unseren Klientinnen und Klienten und Teilnehmenden, sich mit allem so sein zu lassen, sich so zu zeigen, wie sie sind, und sich zu trauen, die Fragen zu stellen, die ihnen unter den Nägeln brennen. Auch die Zusammenarbeit mit deinen Kolleginnen und Kollegen erleichtert es, wenn du echt bist. Welche Zielgruppe du auch immer begleitest, auch wenn du mit Kindern und Jugendlichen arbeitest, wirst du erstaunt sein, wie positiv sich das auf das Klima auswirkt. Du kannst aktiv mitgestalten, dass das gemeinsame Zusammensein und miteinander arbeiten entspannter ist und mehr Freude bereitet.

Literaturtipp

In meinem Praxisübungsbuch für Trainierende, Therapeuten und Beratende findest du konkrete Anregungen und Erkundungsexperimente: »Vor Therapie-, Coaching- oder Gruppenbeginn für FreiRaum und volle Präsenz sorgen« (Pilz-Kusch 2020, S. 199 ff.):

- »Stimmige Interventionen finden«, (S. 201 ff.);
- »Komplexe und schwierige Situationen leichter meistern« (S. 206 ff.)
- »Innerlich achtsam und entspannt coachen und beraten« (S. 208 ff.)

Den »richtigen« Zeitpunkt finden, wenn es passt

Alles hat seinen »richtigen« Zeitpunkt. Selbst wenn du klar erkannt hast, dass du die Arbeitsstelle wechseln, dass du dich von deinem Partner oder deiner Partnerin trennen möchtest oder es dein Wunschprojekt ist, ein eigenes Buch zu schreiben oder ... oder ... Es ist nicht erforderlich, das übers Knie zu brechen.

Es kann sein, dass der Zeitpunkt noch nicht günstig ist (s. auch Pilz-Kusch 2020, S. 163). Vertraue auf deinen hochintelligenten Organismus, dein inneres Navi, das dir signalisieren wird, wann die Zeit reif ist.

Ebenso brauchst du unliebsame Tätigkeiten wie die Steuererklärung, Aufräumen, Fensterputzen oder andere Aktivitäten, die dich Überwindung kosten, nicht dann anzugehen, wenn es dir schwerfällt.

Erforsche zum Beispiel bei einer nicht termingebundenen Aufgabe geduldig, wann ein günstiger Moment gekommen ist, an dem dich die Tätigkeit wenig Kraft kostet.

Erkundungsexperiment 

Was ist wirklich »deins«? Womit fühlst du dich wohl und sicher?

Ziel: Statt dich mit hohen Ansprüchen oder den vermeintlichen Erwartungen deines Klientel unter Druck zu setzen, finde zu der Arbeitsweise, zu den (Seminar-/Website-)Texten, Methoden und den (Coaching-/Therapie-)Angeboten, die zu dir passen, dir entsprechen und dich echt, entspannt und professionell auftreten lassen.

Mache es dir leichter, die Methoden und Übungen im Seminar, in der Gruppe, in der Therapie oder in Beratung oder im Coaching anzuleiten, die zu dir passen, wobei du deine Fähigkeiten am besten entfalten kannst, um zu arbeiten, was dich begeistert und sich für dich gut anfühlt.

Ablauf: Nimm dir zunächst wieder etwas Zeit, es dir und deinem Körper so gemütlich wie möglich zu machen, dir und deinem Körper deine ganze wohlwollende Aufmerksamkeit zu schenken ... Lasse den Atem bewusst fließen und schaffe FreiRaum ... Dann kannst du dich Richtung Körpermitte fragen: Was ist die Art zu leiten oder zu begleiten, die mir entspricht? ... Wobei kann ich meine einzigartigen Qualitäten und Fähigkeiten entfalten? ... Was ist die für mich richtige Arbeitsweise, die Herangehensweise und die Methoden, mit denen ich mich wohl- und sicher fühle? ... Was ist wirklich meins? ... Was erfreut mein Herz und lässt es höher schlagen? ... Was berührt oder begeistert mich? ... Was entspricht mir? ... Was beherrsche ich gut und geht mir leicht von der Hand? ... Was liebe ich? ... Wähle die Frage(n), die zu deiner Situation passen ... und lasse deinem Inneren wieder nach jeder einzelnen Frage Zeit ... Spüre jeweils innerlich achtsam in deinen Körper hinein, um deiner inneren Resonanz auf die Spur zu kommen ... Verweile mit ihr in der Focusing-Haltung eine Zeit lang und lasse dich überraschen, was aus deinem Inneren an Bildern, Worten, (Körper-) und Handlungsimpulsen aufsteigt ... Nimm alles freundlich in Empfang, was immer sich zeigt ... Du kannst dir auch die Fragen stellen, die dir entsprechen, wenn du ein konkretes Projekt wie eine Gruppe, ein Seminar oder ein 1:1-Setting für eine bestimmte Person oder Zielgruppe vorbereitest ... Vielleicht macht es auch Sinn, dich hierbei von einer focusingerfahrenen Person anleiten zu lassen und dir professionelle Unterstützung zu gönnen ...

Wie war es für dich, dir diese Fragen zu stellen?

____

____

____

____

Was haben sie in deinem Körper ausgelöst?

____

____

____

____

____

Was hast du in deinem Inneren erlebt?

____

____

____

____

____

Wie hat sich das für dich angefühlt?

Was hast du herausgefunden?

Literaturtipp

Weitere Anregungen und Focusing-Experimente findest du im Praxisübungsbuch, beispielsweise »Einen stimmigen Flyer entstehen lassen« und »Genau die für dich richtigen Worte finden, die berühren« (Pilz-Kusch 2020, S. 161 ff.).

Teil 03
Spielend leichte Umsetzung für vielfältig Engagierte

Wie dir die Integration in den Alltag einfach gelingt

Gehe bewusst vor

Nimm zunächst deine Ausgangssituation, die Ergebnisse deiner Standortbestimmung im ersten Teil genau unter die Lupe. So kannst du klar erfassen, wo du jetzt stehst und was in deinem Leben zum Positiven verändert werden möchte. Entwickle als Nächstes ein stimmiges Zielbild mit der anschließenden Übung im ersten Teil oder schaue dir die Ergebnisse noch einmal an, falls du schon stimmige Ziele für dich gefunden hast.

Setze dir ein attraktives, konkretes Ziel

Bringe dein Ziel noch stärker auf den Punkt, um leichter Erfolgserlebnisse zu erzielen. Frage deinen Körper und setze deine innere Suchmaschine in Gang, wie du es gelernt hast: Was möchte ich persönlich und beruflich in Zukunft verkörpern? ... Wie möchte ich mich fühlen? ... Was möchte ich ausstrahlen? ... Was könnte ein möglichst konkretes, ansprechendes Ziel für mich sein, um das zu leben, was mir am Herzen liegt, ... und mich zufriedener mit mir und meinem Leben macht? ...

Lasse deinem Inneren focusingorientiert so lange Zeit, ein für dich richtig anziehendes Ziel so positiv, konkret und »knackig« wie möglich zu formulieren, bis du eine klare innere Resonanz und die Anziehungs- und Motivationskraft deines Ziels in deinem Körperinneren spürst:

....

....

....

....

Wie möchtest du dich fühlen?

....

....

....

....

Was möchtest du ausstrahlen und bewirken?

....

....

....

....

Dann stelle dir mit allen Sinnen innerlich vor, du hättest dieses Ziel erreicht ... Genieße es ... (s. S. 54f.). Ergänze oder konkretisiere gegebenenfalls die Formulierung deines Ziels – jetzt und auch später.

Klein anfangen

Um deine Ziele erfolgreich in die Tat umzusetzen, ist das Allerwichtigste, dass du klein anfängst. Das ist die erste der japanischen fünf Säulen der Lebenskunst.

Nimm dir etwas *konkretes Klitzekleines* vor – etwas, das du *spielend leicht täglich* umsetzen kannst: beispielsweise einmal am Tag deinem inneren Navi eine konkrete Frage stellen oder dir morgens beim Start in den Tag ein bis zwei Minuten Zeit nehmen, dein Inneres freundlich-wohlwollend aufzusuchen und achtsam zu erkunden, was jetzt für dich stimmig wäre. So sammelst du Erfolgserlebnisse, die dein Selbstvertrauen stärken, dass du deine Ziele erreichst und die dich ermutigen, weiterzumachen.

Frage dein inneres Navi: Was könnte eine konkrete Kleinigkeit sein, etwas Winziges, das ich ohne jede Anstrengung mühelos in meinen Alltag integrieren kann, mit dem ich ganz leicht ein Erfolgserlebnis erzielen kannst? ... Lasse deinem Inneren Zeit, eine innere körperliche Resonanz zu finden ...

Schreibe es auf: Ich nehme mir folgende konkrete Kleinigkeit vor, die ich spielerisch jeden Tag umsetzen kann:

....

....

....

....

Fasse bewusst einen Entschluss

Wichtig ist, dass du eine konkrete Entscheidung fällst, was genau du direkt in deinem Alltag ausprobieren möchtest. Fange innerhalb von 24 Stunden damit an. Dann bist du noch motiviert und die erste Hürde ist genommen. Der Anfang ist meist am schwierigsten. Praktizierst du eine Kleinigkeit täglich – 21 Tage lang –, wird es ganz leicht, es zu einer Gewohnheit werden zu lassen.

Du kannst eine Liste konkreter Alltagssituationen anfertigen, in denen du dich unbehaglich fühlst und etwas mit den Focusing-Instrumenten zum Positiven verändern möchtest. So findest du mehrere Punkte, wo du nach und nach ansetzen und dir kleine Ziele setzen kannst.

Beginne in einfachen, kleinen Situationen

Fange an: am Wochenende, im Urlaub, an Feierabenden, wenn du keinen Zeitdruck hast, an Arbeitstagen, an denen nicht so viel anfällt sowie in privaten Situationen mit Menschen und auf Veranstaltungen, wo du dich wohlfühlst und nicht stark gefordert bist.

Bleibe am Ball – trainiere den inneren Achtsamkeitsmuskel

Übe am besten jeden Tag, zunächst wenige Minuten – solange, bis du die Kleinigkeit mühelos in deinen Tag integriert hast. Dann kannst den Schwierigkeitsgrad langsam steigern.

- Probiere aus, was und wie es »fruchtet« – spielerisch und entdeckerfreudig in der Focusing-Haltung.
  Spüre in deinen Körper hinein und erforsche, was für dich genau passt und sich gut anfühlt.
- Frage dein inneres Navi, wie du es dir leicht machen und Freude hineinbringen kannst.
- Sobald sich etwas nicht mehr gut und stimmig anfühlt, verändere etwas.
- Experimentiere nach und nach mit verschiedenen Erkundungsexperimenten in unterschiedlichen Alltagssituationen
- Würdige kleinste Schritte. Sei stolz auf dich.
  Klopfe dir innerlich auf die Schulter, wenn dir etwas gelungen ist.
- Wenn etwas nicht klappt, verurteile dich nicht ... Stehe wieder auf und beginne neu.

Frage dein inneres Navi: Wer oder was kann mich dabei unterstützen? ...

Vielleicht möchtest du deinem Inneren Vorschläge machen ... Lasse dich inspirieren durch folgende Anregungen:

- Achte auf »deine Brille«. Bist du im spielerisch entdeckerfreudigen Erkundungsmodus der Focusing-Haltung oder im Erledigenmodus? ...
- Wie können stärkende Tagesrituale dir helfen? (s. Impulskarten-Set) ...
- Möchtest du es dir leicht machen und dir meine Impulskarten und die Hörbuch-Downloads gönnen (s. Literaturverzeichnis)? ...
- Möchtest du dir focusingorientiertes Coaching, Supervision, Seminare zu Focusing, partnerschaftliches Focusing erlauben – erlernbar in Bildungsurlauben zu Focusing –, um zügiger voranzukommen? (www.pilz-kusch.de)

Sieben Möglichkeiten, stimmige »Antworten« zu finden

Im Kontakt mit dem Körper und in Berührung mit dem »Thema« kannst du mit den folgenden Speed-Focusing- Möglichkeiten aus dem FreiRaum heraus – innerlich wach und entspannt zugleich – Antworten in dir finden, in der wohlwollend erkundenden, entdeckerfreudigen Focusing-Haltung achtsam und ohne Erwartungsdruck:

1. Stelle deiner inneren Suchmaschine eine konkrete Frage.
2. Oder lasse das Unklare der ganzen Situation auf dich wirken ...
3. Falls keine Antwort kommt, mache dem Inneren Vorschläge ...
4. Lasse das Ungeklärte in dir gezielt weiter »arbeiten« ...
   Du kannst dabei routinierten Tätigkeiten wie Spazierengehen oder Gemüse putzen in einer reizarmen Umgebung nachgehen ... oder das Ungeklärte loslassen, anderen Tätigkeiten nachgehen und warten, bis die Antwort »reif« ist ...
5. Spielerisch ausprobieren, was und wie es stimmt ...
6. Die Signale deines inneren Navis bemerken, dich aktiv darum kümmern, sie »lesen« lernen ...
7. Dich von inneren Impulsen, dem inneren Gespür leiten lassen – im Vertrauen darauf, dass das Innere weiß, was leben und sich entfalten möchte ...

Spüre in deinen Körper hinein, öffne dich dem Nichtwissen und lasse deinem Inneren Zeit, eine innere Resonanz entstehen zu lassen ...

Viel Freude und Erfolg beim Ausprobieren, was jeweils hilfreich sein könnte.

Teil 04
Anhang

Danksagung

Mein besonderer Dank gilt Thich Nhat Hanh, meinem größten Achtsamkeitslehrer, sowie meinen Focusing-Lehrenden – allen voran Dr. Johannes Wiltschko, Dr. Sybille Ebert-Wittich, Dr. Evelyn Fendler-Lee (Thinking at the Edge) und Astrid Schillings (Wholebody Focusing), die mein Leben und meine Arbeit seit etwa 20 Jahren am stärksten nachhaltig verändert haben.

Ich danke meinen Coaches Susanne Kersig, Dr. Marieluise Römer und Alexandra Stross, die mich in den letzten Jahren bei der Überwindung meiner chronischen Erkrankungen erfolgreich begleitet haben.

Ich danke vor allem meiner Lektorin Ingeborg Sachsenmeier, die mich bei den letzten sechs Veröffentlichungen mit Rat und Tat einfühlsam und engagiert begleitet hat.

Ich danke Jutta Buchmann und Jan-Fredo Willms für ihre hilfreiche und inspirierende Unterstützung beim partnerschaftlichen Focusing, bei dem wir uns wechselseitig kollegial begleiten.

Ich danke Simone Abelmann, die mich seit 2019 Sketchnotes zeichnen gelehrt hat, die mich ermutigt und vielfältig inspiriert hat, sodass ich mich getraut habe, erstmalig dieses Buch zu illustrieren.

Schließlich möchte ich meinem Lebensgefährten Andreas Fortmeier danken, der mich in den schwierigen Zeiten meiner Erkrankungen sowie bei der Entwicklung dieses Buchs stark unterstützt hat.

Die Autorin

Ulrike Pilz-Kusch, Diplom-Pädagogin, ist Focusing-Trainerin DAF, Coach, Stresstrainerin GKM, Bewegungs-, Tanz- und Theaterpädagogin sowie Autorin etlicher Bücher, Audio-Ratgeber mit (Speed-)Focusing-Übungen für den Alltag sowie einem Kartenset für unterwegs.

Vor 15 Jahren hat sie ein praxiserprobtes System von acht Focusing-Werkzeugen achtsamer und stimmiger Selbstführung und Selbstentfaltung entwickelt. Diese alltagstauglichen Focusing-Instrumente gibt sie in Coachings, Supervision, Seminaren und Bildungsurlauben am Meer an Menschen weiter, die mit Menschen arbeiten, um aufzublühen statt sich auszupowern.

Herzstück dieser Focusing-Werkzeuge ist »Speed-Focusing« oder Mini-Focusing, wie es in Focusing-Fachkreisen heißt. Sie praktiziert Achtsamkeitspraxis seit über 20 Jahren und engagiert sich unter anderem im Netzwerk Achtsame Wirtschaft. Sie ist Mutter von zwei Kindern, hat fünf Enkelkinder und lebt seit elf Jahren in einer Partnerschaft. Homepage: www.pilz-kusch.de

Literaturverzeichnis

Brach, T.: Dein furchtloses Herz. Mit der RAIN-Methode schwierige Emotionen heilen, Regensburg 2020

Gendlin, E.T.: Focusing. Selbsthilfe bei der Lösung persönlicher Probleme, Hamburg 4. Aufl. 2004a

Gendlin, E.T./Wiltschko, J.: Focusing in der Praxis. Eine schulenübergreifende Methode in Psychotherapie und Alltag. Stuttgart 2. Aufl. 2004b

Gendlin, E.T.: Focusing-orientierte Psychotherapie. Ein Handbuch der erlebensbezogenen Methode, Stuttgart 1998

Kersig, S.: Im Dialog mit dem Körper. Wie Sie mit Achtsamkeit Krankheitssymptome entschlüsseln und heilen. München 2014

Pilz-Kusch, U.: Burnout: Frühsignale erkennen - Kraft gewinnen. 8 Focusing - Schlüssel, die wirklich helfen. Das Praxisübungsbuch für Trainer, Berater und Betroffene, 2. erweiterte Auflage 2020. beltz.de/978-3-407-36714-3

Pilz-Kusch, U.: Abschalten, entspannen und auftanken. Achtsam und stark durch den Tag mit einfachen Focusing-Übungen. Hörbuch-Download, Weinheim und Basel 2017a. beltz.de/978-3-407-36654-2

Pilz-Kusch, U.: 8 Schlüssel gegen Stress und Burnout. Focusing-Übungen für mehr Kraft am Arbeitsplatz. Hörbuch-Download, Weinheim und Basel 2017b. beltz./978-3-407-36653-5

Pilz-Kusch, U.: 60 Impulskarten Kraftvoll durch den Tag. Weinheim u. Basel 2017c. beltz.de/978-3-407-36639-9

Pilz-Kusch, U.: Burnout – nein danke! »Schlüssel-Werkzeuge«, die Kraft geben. In: Focusing-Journal Nr. 24, Juni 2010

Pilz-Kusch, U.: Gesucht: Wellness. Was ist drin und dran? Ratgeber der Verbraucherzentralen, Düsseldorf, 2. Auflage 2003

Pilz-Kusch, U.: Vital und »gut drauf« bis ins hohe Alter. Ihr Weg in sechs Schritten. In: ARD, Verbraucherzentralen, WDR (Hrsg.), Durchblick: 50 plus, 5/2002

Pilz-Kusch, U.: Was erhält Frauen und Männer gesund? In: Bezirksregierung Arnsberg (Hrsg.), Gesundheit von Frauen und Männern, Dokumentation zum Internationalen Frauentag. Arnsberg 2001

Renn, K.: Dein Körper sagt dir, wer du werden kannst. Focusing. Der Weg der inneren Achtsamkeit, Freiburg 2006

Ringwelski, B.: Felt Sense – ein physiologisches Phänomen? In: Focusing-Journal Nr. 25, November 2010

Stross, A.: Gesundheit ist Kopfsache. Aktivieren Sie Ihren inneren Arzt. München 2017

Stross, A.: Höre auf deinen Körper und werde gesund. Krankheitssymptome richtig deuten und ganzheitlich behandeln. München 2017

Thich Nhat Hanh: Achtsam arbeiten – achtsam leben. München 2013
Thich Nhat Hanh: Du bist ein Geschenk für die Welt. München 2012
Thich Nhat Hanh: Ich pflanze ein Lächeln. München 1993
Weiser-Cornell, A.: Focusing – Der Stimme des Körpers folgen. Anleitungen und Übungen zur Selbsterfahrung. Hamburg, 6. Auflage 2004
Wiltschko, J.: Hilflosigkeit in Stärke verwandeln. Focusing als Basis einer Metapsychotherapie. Münster 2010
Wiltschko, J. (Hrsg.): Focusing und Philosophie. Eugene T. Gendlin über die Praxis körperbezogenen Philosophierens, Wien 2008

Info zu den Online-Materialien

Um zu den Online-Materialien zu gelangen, rufst du auf der Homepage des Beltz Verlags beltz.de das Buch auf und scrollst auf dieser Seite nach unten. Du erhältst dort den Selbsttest zum Ausdrucken. So kannst du ihn auch mehrfach durchführen.

Wenn du die wichtigsten Übungen unterwegs dabei haben möchtest, dann empfehle ich dir mein Impulskartenset »60 Impulskarten Kraftvoll durch den Tag« (2017). Bei den Online-Materialien habe ich dir eine Übersicht über die 60 Karten erstellt.